THANKS SCHOOL SEASON3 WORKBOOK

소그룹 감사동아리를 위한 워크북

1C★1C
감사행전
感謝行傳

이의용 지음

아름다운동행 감사학교
www.iwithjesus.com

소그룹 감사동아리를 위한 워크북
THANKS SCHOOL SEASON3 WORKBOOK

10★10 감사행전
感 謝 行 傳

Index

짧은 발간사

'감사행전'은 삶(行)으로 감사를 전(傳)하자는 운동입니다.
'감사행전'은 내가 신앙생활의 주어가 되자는 운동입니다.
'10(텐!)-10(텐!) 감사행전'은 하루 열 번 감사하고,
열 번 다른 사람들이 고마움을 느끼게 하자는 운동입니다.
이 워크북은 감사동아리 활동을 위해 만들어졌습니다.
감사동아리 활동을 통해 신앙 공동체가 회복되고,
코로나19로 연약해진 성도의 심령이 회복되고,
나아가 교회와 그리스도인에 대한 신뢰가 회복되길 바랍니다.
그래서 우리 교회, 우리 가정, 우리 직장, 우리 사회에
우리 주님께서 가르쳐주신
감사, 배려, 그리고 사과, 용서가 넘쳐나기를 기도합니다.
나아가 우리 삶의 현장에 하나님의 나라가 구현되기를 기도합니다.
감사합니다.

2022년 새 아침에 **이의용**

아름다운동행 감사학교 교장 / 국민대학교 교수 역임 / 문학박사 / 전주비전대학교 객원교수
yyii@kookmin.ac.kr   010-7200-5054

"항상 기뻐하십시오.

끊임없이 기도하십시오.

모든 일에 감사하십시오.

이것이 그리스도예수 안에서

여러분에게 바라시는

하나님의 뜻입니다. "

데살로니가전서 5:16-18

제1부

'10-10 감사행전'을 제안합니다!

10·10
감사행전
感謝行傳

1. 한국교회가 새롭게 당면한 과제

코로나19가 우리 삶의 많은 것을 바꾸고 있습니다. 코로나19로 인해 사람들의 의식과 생활 스타일, 소통 방법이 크게 변했습니다. 산업구조도 크게 달라졌습니다. 무엇보다 사람들이 많이 우울해하고 불안해합니다.

코로나19는 모이기에 힘써야 하는 우리 교회에도 예외 없이 타격을 주었습니다. 예배를 비롯하여 교육, 봉사, 친교, 심방, 소그룹 활동 등 거의 모든 사역을 멈추게 했습니다. 찬양대가 마스크를 쓰고 노래하고, 많은 교회학교가 긴 방학에 들어가 우리를 안타깝게 했습니다. 그나마 위드 코로나 상황에 접어들면서 상황이 조금씩 나아지는 것 같더니, 오미크론의 등장으로 상황이 점점 더 심각해지고 있습니다.

1) 교회가 직면한 3가지 과제

저는 교회가 직면한 가장 시급하고도 중요한 과제 세 가지를 말씀드리고 싶습니다. **첫째는 해이해져가는 교인의 공동체 의식을 어떻게 회복할 것이냐는 것입니다.** 교회는 믿는 이들의 공동체인데 모임을 제대로 갖지 못하고, 예배당을 드나들지 못하니 공동체 소속감이 '희미한 옛 사랑의 그림자'처럼 돼버렸습니다. 교인들의 공동체 의식 회복은 대단히 중요한 과제입니다.

둘째는 코로나19로 인해 상처받은 심령들을 어떻게 회복할 것이냐입니다. 코로나 블루에서 코로나 레드로 상처가 깊어지면서 삶의 의미와 자신감을 잃어버린 교우들이 적지 않습니다. 또한 코로나로 인한 사업의 침체로 경제적 손실을 입고 어려움에 처한 교우들도 적지 않습니다. 이들의 현실적인 어려움을 어떻게 함께 극복해나갈 것이냐가 중요한 과제입니다. 특히 소규모 교회들이 문을 닫으면서 일반 생활 전선으로 내쫓긴 목회자들과 그 가족들을 어떻게 구제할 것인지에 교회가 관심을 가져야 합니다.

셋째는 추락한 교회의 신뢰를 어떻게 회복할 것이냐입니다.

한국교회총연합이 일반 국민을 대상으로 한 조사에서 개신교의 신뢰도는 9%[1],
한국갤럽이 비종교인을 대상으로 한 조사에서 개신교의 호감도는 6%[2]를
기록했습니다. 앞의 두 가지가 개교회의 과제라면 이 과제는 모든 교회와 신자들이
함께 풀어나가야 할 지난한 공동 과제입니다.

이런 정도의 신뢰도와 호감도로는 선교와 전도는 매우 어려워집니다.
사회가 우리를 탄압해서 생긴 문제가 아니라 우리가 자초한 결과니 우리가
극복해야만 합니다. 현재의 상황을 남의 탓으로 돌려서는 안 될 것입니다.
이미 30년 전부터 기독교 시민단체들이 교회 신뢰도 조사결과를 토대로
교회를 향해 각성을 외쳐왔지만 아쉽게도 교회는 기회를 놓치고 말았습니다.
그러던 중 코로나 방역 과정에서 일부 목회자와 교회의 민낯이 그대로 드러나,
사람들이 교회에 등을 돌리기 시작했습니다. 요즘 교회를 혐오하는 이들이
적지 않음을 우리는 실감하지 않습니까? 미달 상태로 바뀌어버린
신학교 목회자 양성과정 역시 교회의 미래를 잘 보여줍니다.

2) '연속의 시대'에서 '단절의 시대'로!

우리는 지금 '서서히 변화하는 시대'가 아니라, '하루가 다르게 변하는 시대'를
살아가고 있습니다. 그 사이에 얼마나 세상이 바뀌었습니까? 코로나 상황은
우리 교회, 특히 목회 분야에 큰 과제를 던져주었습니다. 그것은 '변화'입니다.
단순한 '과거로의 회귀'가 아니라 '본질로의 회복'을 요구합니다.
그 사이에 달라진 새로운 기준(New Normal)을 찾아내야 합니다.
한 가지 예를 들어볼까요? 요즘 음식점에 가면 기계로 주문을 합니다.
모든 예약이나 구매를 모바일로 합니다. 대면으로 하려면 시간이 엄청나게
많이 걸립니다. 지난 2년 사이에 비대면 문화가 이렇게 깊게 자리 잡은 겁니다.
이것이 코로나19 이전 상태로 되돌아갈 수 있을까요?
"前과 同!"의 마인드로는 우리가 당면한 과제들을 극복할 수가 없습니다.
새로운 패러다임으로 무장해야 합니다. 지금까지와는 다른
창조적인 대안들을 마련해야 합니다.

---

1) 한교총, 코로나19 정부방역조치에 대한 일반국민평가조사(2020. 1)

2) 한국갤럽, 갤럽리포트(2021. 5)

2. 위기 극복의 열쇠-범사에 감사하는 삶

1) 그동안 한국교회는 신앙을 신앙생활로 제대로 구현하지 못했습니다.

한 마디로 그리스도인답게 살지 못했습니다. 비신자들과 다른 것이
별로 없는 삶을 살아왔습니다. 성경은 그리스도인답게 사는 방법을
다양하게 제시합니다. 그 중 하나가 '감사하는 삶'입니다.
하나님의 은혜에 감사하고 그걸 이웃들과 나누며 가정, 직장, 사회에서
이웃들과 화목하게 살아가는 삶에 관심을 가져야 합니다.
비신자들과는 다른 '착한 행실', '선한 영향력'을 보여줘야 합니다.

2) 얼마 전 월드비전이 한국교회에 꼭 필요한 조사 결과를 발표했습니다.

'기독교인의 감사 생활에 대한 조사'[3]인데요, 이는 우리나라 교계에서
처음으로 시도한 감사생활에 대한 체계적인 조사였습니다.
덕분에 우리나라 그리스도인들의 감사생활 실태를 정확히 파악하고,
보다 정확한 방향성을 가지고 보다 체계적으로 감사운동을 펴 나갈 수 있게
됐습니다. 30여 년 동안 감사운동을 펴왔지만, 이 조사결과를 통해 저는
새로운 사실을 많이 알게 됐고, 감사운동의 중요성을 다시 한 번 실감하게
됐습니다. 이번 조사를 통해 저는 다음과 같은 사실을 알게 되었습니다.

● 성경은 "범사에 감사하라"고 가르치지만, 이를 명령으로 여기는 그리스도인은
30.9%에 불과하다. 그리스도인의 감사운동은 성경의 가르침에 근거한다.
전도나 십일조처럼 감사를 명령으로 분명하게 가르쳐야 한다.
교회의 감사운동은 사회의 감사운동과는 다른 것이다.

---

3) '기독교인의 감사 인식 조사'. 월드비전이 목회데이터연구소에 의뢰. 대상:전국 만 19세 이상 기독교인 1,000명. 조
사기간:2021년 9월, 부록 참조

- 성경은 "범사에 감사하라"고 가르치지만 이를 잘 실천하는 그리스도인은 18%에 불과하다. 46%는 "고난 중 감사 기도한 적 없다"고 한다.

- 그리스도인 중 평소 감사를 못 느끼는 이도 7.3%나 된다. "감사할 일이 없어서"(42.4%), "운이 좋아 된 것이어서"(27.0%) 등이 주된 이유다. 감사 거리를 찾는 기독교적 안목을 길러야 한다.

- 감사 생활은 신앙의 수준과 비례한다. 신앙 단계가 높은 이들은 인격과 삶의 변화에 감사하는 데 비해, 신앙 단계가 낮은 이들은 감사를 통해 얻게 되는 보상에 관심이 더 크다. 보상을 우선적으로 기대하는 감사는 성경적인 감사라 할 수 없다.

- 감사 제목 1위는 '신앙'이고 '자녀', '건강', '배우자', '부모' 만난 것 등이 그 다음 순이다.

- 하루 감사할 만한 일은 평균 4.2회라고 하지만, '어제' 감사를 표현한 사람은 52%에 불과하다.

- 그리스도인의 92.0%가 감사하는 마음을 갖지만, 그걸 자주 표현하는 이는 20%일 뿐이고, 28%는 그 마음을 자주 표현하지 않는다. 20대가 특히 그렇다. 연령이나 신앙 연수가 높을수록, 감사 성향이 강할수록 표현을 잘한다. 감사를 표현하지 않는 이유는 '감사 표현이 익숙하지 않아서'(53.5%), '방법을 몰라서'(23.6%), '표현 안 해도 알 거라고 생각돼서'(20.3%) 등이다. 감사 표현을 소홀히 한다면 사회생활에서 큰 어려움을 겪을 수밖에 없다. 감사하라고만 하지 말고 구체적인 방법을 가르쳐야 한다.

- 그리스도인들은 하나님(1위)-자녀-교회 구성원-서비스업자 순으로 감사 표현을 잘하는 데 비해, 친구나 이웃(10위)-형제자매-부모-직장동료-친구-선후배-배우자 순으로 감사 표현을 안 한다. 하나님과 교회 구성원에 대한 감사에 비해, 부모에게 감사 표현을 안 하는 것이다. 배우자, 부모, 형제자매, 이웃에게 감사를 표현하는 연습이 필요하다.

- 하나님께 감사를 표현하는 방법 1위는 기도이고 헌금, 찬양, 봉사의 순이다.
  여기서 '봉사'가 교회 봉사인지, 이웃 봉사인지는 불분명하다.
  어쨌든 보다 적극적인 봉사가 필요하다. 그나마 하나님께 감사 기도나
  찬양을 하는 사람은 4명 중 1명이고, 안 하는 이도 4명 중 1명이다.

- 감사하는 사람이 생활 만족도(행복도, 대인관계, 하나님과의 관계)가 월등히 높다.

- 소속 교회에서 감사 캠페인에 참여해본 적이 없는 사람은 48.6%나 된다.
  감사를 하나님의 명령으로 적극 가르치지 못하고 있다.

- 사회에서도 많이 쓰는 감사일기에 대해 알지 못하는 그리스도인이 42.1%나
  된다. 감사일기 작성 경험자는 34%이고, 감사 일기를 쓰고 있는 사람은 9.0%.

- 감사일기를 써본 이들 중 유익성엔 91.1%가 동의하지만 중단 경험자가 많다.
  이유는 '게을러서', '기계적이어서', '시간이 없어서' 등의 순이다.
  비자발적 작성, 수박 겉핥기식 작성이 한 원인이 될 수 있다.

- 교회에서 소그룹 활동을 하는 이가 그렇지 않은 이보다 감사 성향이 훨씬 높다.
  소그룹 활동을 하는 이들이 생활 전반의 지표와 신앙 지표가 높다. '내 삶에
  감사거리가 매우 많다'라는 제시어에 대한 답변만 봐도 89.2:79.2로 차이가 난다.
  그럼에도 교회에서 소그룹 활동에 참여한 적이 없는 이들은 69.9%나 된다.

- 부정적인 사람(61.7)보다 긍정적인 사람(90.4), 자존감 낮은 사람((48.4)보다
  높은 사람(61.6), 친절하지 않은 사람(73.8)보다 친절한 사람(90.4)이
  감사 표현을 잘한다.

- 50대 이상, 신앙 4단계자, 소그룹 활동자가 감사성향이 강하다.
  20대, 직분 없는 성도, 신앙 1, 2단계, 소그룹 비활동자가 감사 성향이 약하다.

- 감사 성향이 강한 사람은 약한 사람보다 여러 지표에서 차이가 난다.
  나의 행복, 하나님과의 관계, 주위 사람들과의 관계(자녀, 교인들, 부모, 부부, 친구,

형제자매, 일터 동료)에서 감사성향이 강한 사람이 상대적으로 탁월하다.

- 코로나 팬데믹 이후 생활 형편이 나아진 경우는 7.6%인 데 비해
  더 어려워진 경우는 40.7%나 된다. 우울증 직전 상태인 우울 위험군 해당자는
  4%에서 23%로 늘었다. 그럼에도 불구하고 감사 성향이 높은 이들은
  더 감사하게 되었고, 감사성향이 낮은 이들은 덜 감사하게 되었다.
  감사성향이 얼마나 중요한가.

- 세대에 따라 감사 훈련이 달라야 한다. 2030세대는 감사의 중요성을
  훈련해야 하고, 40대 이상은 감사를 표현하는 방법을 훈련할 필요가 있다.
  특히 부모, 배우자에게 감사를 표현하는 습관을 들여야 한다.

3) **위와 같은 조사 결과를 살펴보면서,** 감사운동이야말로 한국교회가 당면한
   세 가지 과제를 풀어나갈 훌륭한 대안이라고 다시 한 번 확신하게 되었습니다.
   자발적인 감사동아리 활동을 통해 상처받은 교우들의 마음도 치유해주고,
   성숙한 감사의 삶을 통해 주위 사람들로부터 신뢰도 회복할 수 있습니다.
   나아가 교회 공동체도 회복될 수 있습니다. 구체적인 내용은
   부록을 참고하시기 바랍니다.

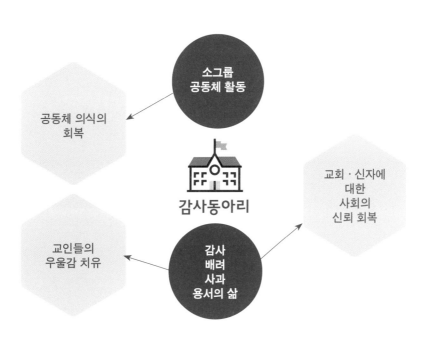

4) 그러나 본격적인 감사운동을 펴 나가려면 패러다임의 전환이 필요합니다.

(1) 안타까운 점은 그리스도인의 핵심적인 삶의 가치이자 하나님의 명령인 '감사'가
성도의 삶 속에서 깊게 자리를 잡지 못하고 있는 겁니다.

그동안 우리는 '감사'를 11월의 추수감사절이라는 틀에 가두고
'연례행사'로 여겨오지는 않았는지, 그래서 감사하는 삶의 기쁨을 평소에
제대로 누리지 못하고 살아오지는 않았는지 성찰해봐야 합니다.

우선 매년 11월에 집중된 감사운동을 일상의 감사운동으로 전환해야 합니다.
농경사회에서 시작된 '추수감사절' 이름부터 '감사절'로 바꿔야 합니다.
요즘 같은 산업 구조에서, 더구나 도시 중심 시대에 농사짓는 이들은 매우
적습니다. 감사절 시기도 조정해야 합니다.

미국교회 따라 초겨울에 하지 말고, 한가위 다음 주 쯤 가을로
추수감사절을 옮기면 어떨까요? 감사절 지키기보다
중요한 건 '감사하는 삶'의 회복입니다. 범사에 감사하며 사는 것을
성경의 '권고'가 아니라 '명령'으로 받아들여야 합니다.

(2) **감사가 수직적인 감사 생활에 치중돼 있지는 않은지 되돌아봐야 합니다.**

수직적인 감사에 수평적 감사가 균형을 이뤄야 합니다.
앞의 통계에서 보듯이, 하나님을 향한 감사는 상대적으로 활발한 편이지만,
가족이나 이웃을 향한 감사(표현)는 상대적으로 취약한 편입니다.
우리는 평생 다른 사람들과 많은 도움, 돌봄을 주고 받으며 삽니다.
의사소통은 '표현-이해-반응'으로 순환되는데, '감사(感謝)'는
고마운 마음을 표현하는 소통활동 중 '반응(feedback)'에 해당합니다.
반응이 없으면 소통은 순환되지 못한 채 단절되고 맙니다.
이웃에 대한 고마움을 혼자 마음 속으로만 느끼고, 정작 당사자에게는
표현을 하지 않는 것 같습니다. 주님께로부터 한센병 치유를 받은 10명 중
고마움을 표현한 이는 단 1명이었던 것처럼 말입니다.
십자가가 수직, 수평의 결합이듯 사랑이나 감사도
수직, 수평이 조화를 이뤄야 합니다.

(3) 그동안 우리는 '받는 것'에 관심을 집중해왔습니다.

받은 것을 찾아내, 그것을 기억하고, 베푼 이에게 고마움을 표현하는 것은
비신자들도 아는 기본 도덕입니다. 그러나 여기에 익숙해지면
'받는 사람(taker)'으로 머물기 쉽습니다.
신앙생활은 '받는 사람(taker)'에서 '주는 사람(giver)'으로 성숙해가는
과정입니다. 그것이 이웃 사랑입니다. 교회에는 복을 추구하는 이들이
많이 몰려옵니다. 그런 메시지로 사람들을 불러 모으기도 합니다.
받는 것만 복으로 여기는 거죠. 그러나 주님께서는 '주는 사람이 복이 있다'
하셨습니다. 교회는 그런 사람들에게 '주는 게 복'임을 깨닫게 해줘야 합니다.
"당신은 사랑받기 위해 태어난 사람"만이 아니라 "당신은 사랑하기 위해
태어난 사람"이라는 사실도 함께 가르쳐줘야 합니다.
교회와 그리스도인들이 이렇게 성숙한 신앙을 추구해 나가다 보면,
그런 아름다운 삶을 따르고 싶어 하는 이들이 점점 늘어날 것입니다.

(4) 감사는 나 홀로 하는 내적 활동이 아닙니다.

운동도 혼자 하는 것보다 여럿이 하면 좋은 점이 많습니다.
감사운동도 여럿이 해야 근육이 길러집니다.
두 사람 이상 다섯 사람 내외가 동아리 활동을 하듯
감사활동을 하면 훨씬 효과적입니다. 감사생활을 좋아하는 사람,
더 잘 하고 싶어하는 사람들이 자발적으로 동아리를 구성해서
이야기를 나누다 보면 감동도 더 커지고 감사의 소재도 늘어납니다.
같은 생활인으로서 서로 감사를 깨우쳐주고 배우게 됩니다.
감사동아리야말로 감사 생활의 연습장입니다.
앞서 통계에서도 확인되었듯이, 감사동아리 활동을 하면
감사 성향이 강해지고 감사 성향이 강해지면
하나님과의 관계, 사람들과 관계가 좋아지고, 나의 행복이 성장하게 됩니다.
이런 과정을 거치며 우리의 삶도 크게 성숙해질 것입니다.

3. 건강한 교회에는 건강한 소그룹이 있다

1) **앞서 말한 바와 같이** 코로나19 이후 한국교회는 내적으로는
공동체의 회복, 교인들의 상처받은 심령 치유라는 과제에 당면하고 있습니다.
외적으로는 교회(신자)에 대한 신뢰 회복도 큰 과제입니다.
이러한 과제들을 회복시켜줄 대안이 소그룹 활동임은
'한국교회 소그룹 실태 조사'[4] 결과가 잘 설명해주고 있습니다.

2) **조사 결과,** 교회 소그룹 활동 참여자가 신앙생활 전반에서
소그룹 비참여자에 비해 훨씬 활발하게 활동하는 것으로 나타났습니다.
몇 가지 조사결과를 살펴보겠습니다.

● '지난 1주일간 신앙 활동'에 대해 예배, 신앙나눔, 성경공부, Q.T.,
기독교 매체 활용, 기독교 모임 등 모든 영역에서 활동자가
비활동자에 비해 2~3배 이상 활동비율이 높았다.

● 코로나19 이전에 대비해 '신앙이 깊어진 것 같다'는 응답은
소그룹 활동자 20.0%, 비활동자 13.0%로 나타났다.

● 코로나19 이전과 이후의 주일예배(온라인 예배 포함)를 매주 드린 비율을
살펴보면 활동자는 코로나19 이전 79.8%, 이후 62.8%로 17.0%가 감소했다.
반면에 비활동자는 이전 73.2%에서 이후 49.6%로 23.6%나 감소한 것으로
나타났다. 즉 코로나19 이후 비활동자의 절반은 매주 예배를 드리지 않은 것이다.

---

4) 이 조사는 ㈜지앤컴리서치가 만 19세 이상 교회 출석 개신교인 1천명(소그룹 활동자 500명, 소그룹 비활동자 500
명)을 대상으로, 2021년 9월 6일부터 24일까지 진행했다. 한국소그룹목회연구원(원장 이상화 목사)와 지구촌교회
(담임 최성은 목사)가 목회데이터연구소(대표 지용근)와 공동으로 실시.

코로나19 이후 온라인 예배를 포함해 주일예배를 '거의 드리지 않는' 비율은
소그룹 활동자 14.6%, 비활동자 26.2%로 비활동자 그룹이 훨씬 높았다.

- '나는 교인들과 교제를 통해 개인적인 성경읽기·묵상, 기도 생활을 하는 데
  자극과 도움을 받는다'의 동의율('매우+약간' 그렇다)은 활동자 84.4%,
  비활동자 59.2%였으며, '나는 교회의 도움으로 그리스도인으로서
  꾸준히 성장하고 있다'의 동의율은 활동자 84.2%, 비활동자 64.4%로 나타났다.

- '나에게는 나의 개인적인 문제를 솔직하게 이야기할 수 있는
  신앙적 동료가 있다'에 대한 긍정률은 활동자 75.6%, 비활동자 45.2%였으며,
  '코로나19 이후 신앙성장에 도움받은 사람'으로 '소그룹 리더·식구'를
  꼽은 비율은 활동자 34.2%, 비활동자 11.2%였다.

- 사회적 활동에 있어서도 차이가 났다. '기부·후원 경험', '코로나로 인해
  어려운 교인 도움', '개인적 사회 봉사활동 경험' 등에서 모두 활동자가
  더 높게 나타났다. '기후·환경문제 관심도', '교회가 사회적 문제에 관심을
  가져야 한다' 등 사회 문제에 대해서도 마찬가지였다.
  신앙생활과 세상에서의 생활 일치 정도(매우+약간)에 대해서는
  활동자의 71.8%, 비활동자의 58.6%가 '일치한다'고 응답했다.

소그룹 활동자가 비활동자보다 기본 신앙 지표 월등히 높아!

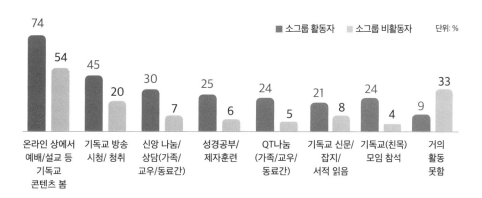

[지난 1주간 신앙 활동 내용(중복응답)]

3) 이 조사 결과를 토대로 교회 내 여러 그룹(중직자. 집사, 일반성도, 남성 중직자,
여성 중직자, 소그룹 리더, 그룹 정기적 활동자, 소그룹 비정기적 활동자, 소그룹 비활동자)
중 어느 그룹이 신앙 수준과 충성도가 높은지를 분석해봤습니다.

• 분석 결과 '소그룹 리더 그룹'이 59.8%로 가장 높았으며,
'소그룹 정기적 활동자' 그룹이 53.8%였다. '중직자' 그룹은 남녀 큰 차이 없이
40% 중후반대 비율을 보였다. 소그룹 활동자 그룹이 교회의 중심인
중직자 그룹보다 신앙 수준이 높다(46.8%)는 결과는 주목할 만하다.

• 충성도 분석에서는 '남성 중직자' 그룹이 63.4%로 가장 높게 나타났다.
그 다음은 59.8%의 '소그룹 리더' 그룹이었다. 전반적으로
'소그룹 리더'가 신앙수준과 충성도에서 모두 상위에 위치하고 있는 것이다.

4) 이러한 조사 결과는 '소그룹 활동이 교인의 신앙을 지속시키고
변화시켜 줄 수 있는 대안'(최성은 목사)이며, '교회가 다시
힘 있게 살아나기 위해 세워야 할 대안'(이상화 목사)임을 제시해줍니다.

4. 소그룹 감사동아리 프로그램

앞서, 감사의 삶이야말로 이 시대 한국교회에 절실하게 필요한
신앙생활 운동임을 설명드렸습니다. 아울러 교회 공동체 정신을 회복시키고
성도의 삶을 변화시켜줄 대안으로 소그룹 활동이 효과적임을 설명드렸습니다.
따라서 감사를 주제로 하는 동아리 활동을 제안합니다. 그러한 필요에 따라
이번에 '10-10 감사행전(感謝行傳)'이라는 프로그램을 개발하였습니다.
삶으로 감사를 전하자는 뜻입니다. '10-10'은 "**하루에 10번 감사인사를 하자,
하루에 10번 감사인사를 받자**(다른 사람들이 고마움을 느끼게 하자)"는 뜻입니다.
교회마다 감사학교를 신설하고, 감사동아리를 조직해 "10-10 감사행전' 캠페인을
전개해나갈 것을 제안합니다. 이 워크북이 매우 중요한 역할을 할 것입니다.

1) 요즘엔 학교, 군대, 기업에서도 감사운동을 합니다.

주로 감사일기 쓰기 등을 통해서 감사운동을 합니다. 그러나 이런 운동들은
긍정적 사고의 능력에 뿌리를 둡니다. 긍정적 사고를 하면 성공한다는 거죠.
감사운동을 수단으로 삼아 보상(대가)을
기대하기도 합니다.
그러나 그리스도인의 감사는 하나님의 은혜에 뿌리를 두어야 합니다.
감사는 하나님의 은혜에 대한 응답이지, 보상을 기대하는 전제 조건이 되어서는
안됩니다. 봉헌(헌금)도 마찬가지입니다.

2) 이 프로그램은 하나님 사랑과 이웃 사랑을 기본으로 합니다.

즉 우리가 하나님의 은혜를 받고, 하나님과 이웃에게 감사하고,
이웃들에게 은혜를 베풀며, 이웃에게 잘못을 사과하고, 이웃의 잘못을
용서함으로써 계속 하나님의 은혜를 입는 사이클입니다.

감사 사이클

감사 4단계

3) **신앙은 '감사 ⇨ 배려 ⇨ 사과 ⇨ 용서'로 성숙한다고 볼 수 있습니다.**

따라서 감사의 4단계는 신앙의 성숙도를 나타내줍니다.

감사행전은 그림에서 보듯이 4단계로 진행됩니다.

(1) **감사의 단계**

감사의 뿌리는 하나님의 은혜에서 시작됩니다. 우선 하나님의 은혜를 인식하고 발견해야 합니다. 감사는 죄의 용서와 구원, 영원한 생명, 일반 은총과 특별 은총 등에 대한 '받는 사람(Taker)'의 반응입니다. 우리의 이웃들을 통해 베풀어주시는 은총에 대한 반응도 포함합니다. 우리는 그러한 은총을 발견하고 하나님께 감사해야 합니다. 찬양, 봉헌, 봉사, 기도를 통해 하나님께 고마움을 표현해야 합니다. 나아가 은총을 전달해준 이웃들에게도 감사해야 합니다.

(2) **배려의 단계**

하나님과 이웃들로부터 받은 은혜를 혼자 누리지 말고 이웃들에게 다양한 방법을 통해 베풀어야 합니다. 이것이 이웃 사랑이고, '받는 사람(Taker)'에서 '주는 사람(Giver)'으로 성숙하는 과정입니다. 칭찬, 인정, 격려, 위로, 배려, 양보 등이 그것입니다.

(3) 사과의 단계

감사와 배려가 하나님과 나, 나와 다른 사람 사이를 가깝게 해준다면,
죄는 그 사이를 막아버립니다. 그 벽을 허물고 관계를 회복하려면 죄의 문제를
해결하고 화해해야 합니다. 그 방법이 사과(謝過)와 용서(容恕)입니다.
사과는 잘못을 인정하고 용서를 구하는 겁니다. 하나님께는 '회개'가 됩니다.
성경은 해가 지기 전에 사과하라고 가르칩니다. 사과의 방법을 익히지 못하면
배우자, 자녀, 이웃, 동료들과 문제가 생겼을 때 제대로 해결을 하지 못해
큰 고통을 겪게 됩니다. 아울러 하나님께도 용서를 구해야 합니다.
당연히 회개하는 방법도 익혀야 합니다.

(4) 용서의 단계

상대방이 잘못을 인정하고 용서를 구해올 때, 또는 그렇게 하지 않을 때
어떻게 할 것인가에 대해 우리는 연습이 되어 있지 못합니다.
그래서 막상 그런 상황이 닥치면 당황하게 됩니다. "우리가 우리에게
잘못한 사람을 용서하여 준 것 같이 우리 죄를 용서하여 주시고…"라는
주기도문처럼, 우리는 다른 사람의 허물을 덮어주고 용서해야 합니다.
그게 이웃 사랑입니다. 그래야 하나님께서도 우리의 죄를 사하여 주신다고
성경은 가르칩니다.

건물에 오를 때 1층에서 2층, 3층, 4층으로 오르듯이 우리의 신앙도
감사 층에서 배려 층으로, 배려 층에서 사과 층으로, 사과 층에서 용서 층으로
성숙해져야 합니다.

제2부

'10-10 감사동아리' 운영방법

1. 왜 '10-10' 인가?

하루 10번 감사하고, 하루 10번 상대방이 고마움을 느끼게 하자는 뜻입니다.
양궁경기에서 과녁의 중심을 맞혔을 때 "Ten!, Ten!"이라고 외치듯,
"텐!, 텐!"이라 읽어주시기 바랍니다.

2. 왜 동아리 활동을 하나?

1) **그리스도인들이** 감사의 참 의미를 깨닫고 감사, 배려, 사과, 용서를
   일상생활에서 실천함으로써 삶의 현장에서 하나님의 나라를 이뤄나갑니다.

2) **교회가**
   (1) 코로나19로 지친 교우들의 심령을 위로합니다.
   (2) 소그룹 공동체 활동을 통해 허약해진 신앙공동체를 회복시켜 줍니다.
   (3) 교회와 신자들에 대한 사회의 신뢰를 회복함으로써
       선교와 전도의 문을 다시 엽니다.
   (4) 교회의 소그룹 활동을 촉진합니다.

3. 학습 목표는 무엇인가?

본 과정을 충실히 학습하면,

1) **매일 감사일기를 작성하고** 감사, 배려, 사과와 용서를 삶에 적용하면서
   열매 맺는 그리스도인으로 성숙할 수 있습니다.
2) **수동적이고 의존적인 신앙생활을** 능동적이고 자립적인 신앙생활로
   전환할 수 있습니다.
3) **소그룹 활동을 통해** 가족이나 이웃들과 더 좋은 관계를 이룰 수 있습니다.

4) **삶의 현장을** 하나님의 나라로 이뤄나갈 수 있습니다.

5) **동아리 활동 전후의** 진단 결과 비교를 통해, 삶의 변화를 확인할 수 있습니다.

4. 어떤 내용을 배우는가?

1) **이 프로그램은 개강, 종강을 포함해 17회로 구성되어 있는데,**
   4층짜리 빌딩으로 설명할 수 있습니다. 1층은 감사 층, 2층은 배려 층,
   3층은 사과 층, 4층은 용서 층으로 부릅니다. 그리고 각 층은 4개 내외의 방으로
   나눠져 있습니다. 감사 층에서는 감사거리를 찾아 기록하고 표현하는 연습을
   합니다. 배려 층에서는 다른 사람에게 감사거리를 만들어주는 연습을 합니다.
   사과 층에서는 사과하는 방법을 연습합니다. 용서 층에서는 다른 사람의 잘못을
   관용하고 용서하는 방법을 연습합니다.

회	주제	주제	비고
1	개강	1. 오리엔테이션 2. 진단	
2	1층 감사 층	1. 감사란? 2. 왜 감사해야 하나?	
3		1. 감사를 막는 벽 2. 감사를 여는 문	
4		1. 감사 찾기	
5		1. 감사 기억하기 2. 감사 표현하기	

THANKS SCHOOL SEASON3 WORKBOOK

感謝行 感謝行

1C1C 감사행전

5. 감사동아리를 어떻게 운영하나?

1) 전담 부서(○○교회 감사학교)를 조직합니다.

　(1) 감사학교 전담 부서를 조직합니다. 교장, 총무를 정합니다.
　(2) 총무는 새로운 리더를 계속 발굴하고 전체 동아리를 지원합니다.
　(3) 교회가 동아리 활동을 촉진하기 위해 예산을 마련해주면 좋습니다.

2) 동아리를 구성합니다.

　(1) 동아리를 구성할 리더를 임명합니다.
　(2) 동아리 이름은 리더 이름을 땁니다(예: 김철수 감사동아리).
　(3) 희망자들로 감사동아리를 구성합니다.
　　　감사동아리는 '훈련'이 아니라 자발성을 기초로 하는 '운동'이 되어야 합니다.
　　　감사하는 삶을 살기 원하는 사람들이 모이는 것이 좋습니다.
　　　감사동아리 활동은 가족, 교회 소모임, 교회학교, 직장 신우회,
　　　대학교 기독교 동아리 등 누구나 가능합니다. 인원은 5명 내외가 적당합니다.
　(4) 수료시에는 수료증과 함께 감사코치로 위촉해서
　　　감사운동을 계속 추진해나가도록 격려해주면 좋습니다.
　(5) 워크북을 마련합니다.
　　　감사학교(02-523-1502~3)에서 구입할 수 있습니다.

3) 리더의 역할

　(1) 강의는 유튜브 동영상으로 대신합니다.
　　　리더는 강의 부담을 갖지 않아도 됩니다.
　(2) 리더는 구성원들이 동아리 활동에 적극 참여할 수 있도록 동기를 부여하고
　　　모임 시각, 장소 등을 안내해줍니다.
　(3) 리더는 모임을 진행하되, 40분 내외에 마칠 수 있도록
　　　발언 기회를 골고루 배분해주며 발언 시간을 조절해줍니다.

4) 감사동아리 활동은 어떻게 운영하나?

(1) 이 과정은 감사 층(4회), 배려 층(4회), 사과 층(3회), 용서 층(4회)으로
   구성되어 있습니다. 한꺼번에 4개 층을 진행하기가 어려울 경우,
   1개 층씩 마치고 다시 시작해도 됩니다. 1개 층만 올라가도 큰 성과입니다.

(2) 모임은 매주 한 번, 또는 매일 한 번 할 수도 있습니다.

(3) 동아리 모임은 예배가 아니므로, 편안하게 이야기를 나눌 수 있는 분위기에서
   하는 것이 좋습니다. 가급적 제3자가 없는 곳이 좋습니다.

(4) 오프라인, 온라인으로 섞어서 진행해도 됩니다.

(5) 모임에 참여하기 전에 회원은 다음을 준비해야 합니다.

　① 각 장에 마련되어 있는 감사일기를 써야 합니다(1일 1건).
　　깊이 있게 작성해야 이야기를 나눌 수 있습니다.

　②유튜브에서 그날의 강의 미리 듣기
　　- 유튜브 '감사학교TV'에 17회의 강의가 게시되어 있습니다.
　　- 각 장에 나와 있는 QR코드를 스캔하시면 보실 수 있습니다.

(6) 동아리 모임에서는 개인적인 이야기들을 많이 나누게 됩니다.
   이 모임에서 나눈 이야기가 다른 사람에게 전해지지 않도록
   회원들은 각별히 조심해야 합니다.

6. 감사동아리 활동은 어떤 순서로 진행하나?

감사 찬양	4곡의 주제가 중 1곡을 선정
감사일기 나누기	작성한 감사일기 중 1가지만 깊이 있게 소개 (1인 당 2분 이내)
워크숍	워크북 문제를 풀어보며 이야기 나누기
감사 기도	주어진 감사 기도문, 또는 특정 회원을 위한 기도, 주기도문, 사도신경

※ 동아리 모임은 예배가 아니므로 상황에 맞춰 유연하게 진행하십시오.

7. 동아리 활동에 활용할 자료들

1-1) 주기도문(옛)

하늘에 계신 우리 아버지여

이름이 거룩히 여김을 받으시오며

나라에 임하옵시며

뜻이 하늘에서 임한것 같이 땅에서도 이루어지이다.

오늘날 우리에게 일용할 양식을 주시고

우리가 우리에게 죄 지은 자를 용서한 것 같이

우리의 죄를 사하여 주옵시고

우리를 시험에 들게 하지 마옵시고

다만 악에서 구하옵소서.

대개 나라와 권세와 영광이 영원히 있사옵나이다. 아멘.

1-2) 주기도문(신)

하늘에 계신 우리 아버지

아버지의 이름을 거룩하게 하시며

아버지의 나라가 오게 하시며

아버지의 뜻이 하늘에서와 같이 땅에서도 이루어지게 하소서

오늘 우리에게 일용할 양식을 주시고

우리가 우리에게 잘못한 사람을 용서하여 준 것 같이

우리 죄를 용서하여 주시고

우리를 시험에 빠지지 않게 악에서 구하소서

나라와 권능과 영광이 영원히 아버지의 것입니다. 아멘.

2-1) 사도신경(옛)

전능하사 천지를 만드신 하나님 아버지를 내가 믿사오며,

그 외아들 우리 주 예수 그리스도를 믿사오니,

이는 성령으로 잉태하사 동정녀 마리아에게 나시고,

본디오 빌라도에게 고난을 받으사, 십자가에 못 박혀 죽으시고,

장사한지 사흘 만에 죽은 자 가운데서 다시 살아나시며, 하늘에 오르사,

전능하신 하나님 우편에 앉아 계시다가,

저리로서 산자와 죽은자를 심판하러 오시리라

성령을 믿사오며, 거룩한 공회와, 성도가 서로 교통하는 것과,

죄를 사하여 주시는 것과, 몸이 다시 사는 것과,

영원히 사는 것을 믿사옵나이다.

아멘.

2-2) 사도신경(신)

나는 전능하신 아버지 하나님, 천지의 창조주를 믿습니다.

나는 그의 유일하신 아들, 우리 주 예수 그리스도를 믿습니다.

그는 성령으로 잉태되어 동정녀 마리아에게서 나시고,

본디오 빌라도에게 고난을 받아 십자가에 못 박혀 죽으시고,

장사된 지 사흘 만에 죽은 자 가운데서 다시 살아나셨으며,

하늘에 오르시어 전능하신 아버지 하나님 우편에 앉아 계시다가,

거기로부터 살아 있는 자와 죽은 자를 심판하러 오십니다.

나는 성령을 믿으며, 거룩한 공교회와 성도의 교제와

죄를 용서받는 것과 몸의 부활과 영생을 믿습니다. 아멘.

3) 감사 찬양[1]

감사해요 주님의 사랑

감사해요 주님의 사랑 감사해요 주님의 은혜

목소리 높여 주님을 영원히 찬양해요

나의 전부이신 나의 주님

-Alison Huntley

감사해요

감 사 해 요 - 주님의 사 랑 -

감 사 해 요 - 주님의 은 혜 -

목 소 리 높 여주님 을 영 원히찬양 해 요

나 의 전 부이신 - 나의 주 님 -

---

1) 감사찬양은 유튜브 〈감사학교TV〉에서 찾아 시청할 수 있습니다.

날 구원하신 주 감사

1. 날 구원하신 주 감사 모든 것 주심 감사 /
지난 추억 인해 감사 주 내 곁에 계시네/
향기로운 봄철에 감사 외로운 가을 날 감사 /
사라진 눈물도 감사 나의 영혼 평안해

2. 응답하신 기도 감사 거절하신 것 감사 /
헤쳐나온 풍랑 감사 모든 것 채우시네/
아픔과 기쁨도 감사 절망중 위로 감사 /
측량 못할 은혜 감사 크신 사랑 감사해

3. 길가에 장미꽃 감사 장미꽃 가시도 감사 /
따스한 따스한 가정 희망 주신 것 감사/
기쁨과 슬픔도 감사 하늘 평안을 감사 /
내일의 희망을 감사 영원토록 감사해

날 구원하신 주 감사

J. A. Hultman

문정선 역

당신은 사랑받기 위해 태어난 사람

1.

당신은 사랑받기 위해 태어난 사람

당신의 삶 속에서 그 사랑 받고 있지요.

태초부터 시작된 하나님의 사랑은

우리의 만남을 통해 열매를 맺고

당신이 이 세상에 존재함으로 인해

우리에게 얼마나 큰 기쁨이 되는지

당신은 사랑받기 위해 태어난 사람

지금도 그 사랑 받고 있지요

당신은 사랑받기 위해 태어난 사람

지금도 그 사랑 받고 있지요

지금도 그 사랑 받고 있지요

2.

당신은 사랑하기 위해 태어난 사람

당신의 삶 속에서 그 사랑 하고 있지요.

태초부터 시작된 하나님의 사랑은

우리의 만남을 통해 열매를 맺고

당신이 이 세상에 존재함으로 인해

우리에게 얼마나 큰 기쁨이 되는지

당신은 사랑하기 위해 태어난 사람

지금도 그 사랑 하고 있지요

당신은 사랑하기 위해 태어난 사람

지금도 그 사랑 하고 있지요

지금도 그 사랑 하고 있지요

※2절은 원래의 가사를 저자가 개사한 것입니다.

당신은 사랑받기 위해 태어난 사람

이민섭

배려송

이렇게 해봐요 서로 배려를
배려는 이해와 사랑의 열매
너와 나의 배려로 밝아진 세상
배려는 주 향한 삶의 참 예배

배려송

권능 작사/작곡

4) 감사기도

10-10 감사 기도문

주님을 만나게 하시고, 저희 죄를 용서하시고,

영원한 생명을 주신 하나님 감사합니다.

부모와 자녀, 형제자매와 좋은 이웃들을 만나게 하셔서

서로 돌보고 보살피며 주님께서 가르쳐주신 사랑을 나누게 하시니 감사합니다.

특별히 감사학교 감사동아리에 초대해주셔서

범사에 감사하는 삶을 연습하게 하심 감사합니다.

주님, 감사동아리 활동을 통해 감사, 배려, 사과, 용서를 배워

열매 맺는 성숙한 신앙생활을 하고 싶습니다.

저희 삶 속에 부어주시는 하나님의 은혜에 항상 감사하게 하옵소서.

범사에 감사하게 하옵소서.

가족과 이웃들로부터 받는 사랑을 잊지 않게 하시고,

고마운 마음을 표현하고 갚게 하옵소서.

주님께로부터 받은 은혜를 이웃들에게 나누며 살게 하옵소서.

받는 사람에서 주는 사람으로 성숙하게 하옵소서.

언제 어디서나 선한 사마리아인으로 살아가게 하옵소서.

또한 저희가 이웃들에게 잘못한 것을 깨닫게 하셔서

해가 지기 전에 사과하게 하시고, 주님께서 저희를 용서하신 것처럼

저희도 이웃의 잘못을 관용하게 하옵소서.

하루 열 번 감사하고,

하루 열 번 이웃들로부터 감사 인사를 받는 삶을 살게 하옵소서.

그래서 저희 삶의 현장을 하나님의 나라로 이뤄나가게 하옵소서.

예수님의 이름으로 감사하며 기도 드립니다.

아멘

5) 10-10 감사일기 쓰는 방법

감사일기를 쓰는 이들이 많아졌습니다. 학교, 군대, 심지어
기업에서도 감사일기를 씁니다. 일과를 마치고 그날 고마운 일을
노트에 기록하는 모습은 밀레의 '만종'을 떠오르게 합니다.
"긍정적인 마인드가 생긴다", "고마운 일을 찾게 된다",
"고마운 일들이 더 많이 생긴다", "표정과 말투가 달라진다",
"주위 사람들과 화목해진다", "숙면하게 된다", "삶에 기쁨이 넘친다",
"하루가 달라진다" 감사일기를 쓰는 이들의 공통된 말입니다.
감사일기는 감사운동의 효과적인 연습 수단입니다.
교회는 감사생활 연습 차원에서 교인들에게 감사일기를 권할 필요가 있습니다.
교인 중 감사일기를 쓰는 이는 9% 정도인데 쓰다가 중단하는 사람이
적지 않습니다. 안타까운 일입니다. 감사일기를 쓰려는 분들에게
몇 가지 조언을 드리고 싶습니다.

⑴ **감사일기 쓰기는 감사하는 삶을 연습하기 위한 연습 과정에 불과합니다.**
　　손가락보다 손가락이 가리키는 달을 봐야 합니다.
　　매일 몇 개씩 의무적으로 쓰려 하지 말고 자발적으로 기쁘게 써야 합니다.
　　'감사'라는 감정을 억지로 짜내면 '불만'이 생길 수밖에 없습니다.
　　기록 자체보다 그 과정을 통해 삶을 바꿔나가야 합니다.

⑵ **감사거리를 찾는 안목을 길러야 합니다.**
　　감사거리를 찾는 그물이 있습니다. '**남**·**숨**·**특**·**좋**'인데요
　　'**남**은 것을 봐라, **숨**어 있는 것을 봐라, **특**별하게 봐라, **좋**은 쪽을 봐라'가
　　그것입니다. 현재의 일만이 아니라 과거의 일, 눈에 보이는 것만이 아니라
　　보이지 않는 일, 당연한 일만 아니라 당연하지 않은 일에서도
　　감사거리를 찾아내는 안목을 길러야 합니다.
　　감사거리를 찾기 힘드니 중간에 그만둡니다.

⑶ **나홀로 묵상일기를 피해야 합니다.**
　　그날의 고마운 일을 혼자 노트에 적지만 말고, 고마운 사람에게
　　그 마음을 직접 표현하는 게 좋습니다.

예수님께로부터 고침을 받은 한센병 환자 열 명 중 고마움을 표현한 사람은
단 한 사람이었습니다. 아홉 명은 꾸중을 들었습니다.
일기 내용을 가족이나 감사동아리 회원들과 나누면 그 감동도 커지고,
내용도 풍성해질 것입니다.

(4) 양보다 깊이가 더 중요합니다.

몇 개를 쓰느냐보다 깊이 있게 쓰는 게 중요합니다.
"누가 나에게 무엇을 해줘서 고맙다"는 식으로 쓰다 보면,
생활이 단순하고 반복적인 사람은 내용이 늘 비슷해 재미가 없고
쉽게 지치기 쉽습니다. 단 한 가지라도 깊이 생각하며 써보십시오.
누군가로부터 도움을 받았다면 오늘 고마운 사람은 누구였나,
어떤 점이 고마웠나, 고마움을 어떻게 표현했나, 상대방의 반응은 어땠나 등
이렇게 쓰면 내용과 느낌이 날마다 달라질 겁니다.
또 감사 인사를 받았다면 누구로부터 감사를 받았나,
어떤 일로 고마워했나, 상대방이 어떻게 표현했나,
그때 내 기분은 어땠나, 나는 어떻게 반응했나 등 이렇게 쓰면
훨씬 다양하고 풍성한 일기가 될 것입니다.

(5) 내가 주어가 되어야 합니다.

감사일기에는 누군가로부터 받은 내용만 가득합니다.
자신이 남에게 베푼 이야기는 없습니다. 누군가 내게 뭘 베풀어줘야
감사일기를 쓸 수 있습니다. 감사일기 쓰기는 감사거리를 찾아 기억하고
표현하는 1단계 연습과정에 불과합니다.
2단계는 누군가의 감사일기장에 내가 등장하는 능동적인 연습 과정입니다.
'그 사람'의 감사일기에 내가 등장하려면 그 사람의 감사 거리를
내가 만들어줘야 합니다. 내가 주어가 되어야 합니다.
이것이 삶으로 쓰는 감사일기가 아닐까요? 그래야 삶도 바뀝니다.
내가 주어가 되어 누군가에게 배려, 칭찬, 인정, 격려, 위로, 양보, 사과,
용서 등을 베풀어봅시다. 그래야 그 사람이 고마움을 느끼고
감사 인사를 해올 것입니다.

6) 다음과 같은 감사, 배려, 사과, 용서의 말을 많이 하며 삽시다.

감사

"고맙습니다!"
"감사합니다!"
"천만에요!"
"별말씀을요!"
"저도 고맙습니다!"
"짱입니다!"

배려

"뭘 도와드릴까요?"
"제가 도와드릴게요!"
"먼저 하십시오!"
"잘했습니다!"
"힘내세요!"
"잘될 겁니다!"
"염려하지 마세요!"

용서

"괜찮습니다!"
"뭘 그런 걸 가지고 그러세요!"
"그럴 수도 있지요!"
"저는 이미 다 잊었어요!"
"다 잊어버리세요!"

사과

"미안합니다!"
"제 잘못입니다!"
"용서해 주세요"
"어떻게 보상을
해 드려야 할까요?"

제3부

감사동아리 활동 노트

10·10
감사행전
感謝行傳

A | 개강
오리엔테이션, 진단

개강 모임 진행 순서

※ 유튜브 강의를 미리 듣고 참여하면 효과적입니다.
각 단원의 QR코드로 유튜브 '감사학교TV'에서 강의 동영상 검색

순서	내용
1. 인사	4곡의 주제가 중 선정하여 부르기
2. 진단	나의 감사생활 사전 진단
3. 토의	●왜 그리스도인은 감사, 배려, 사과, 용서의 삶을 살아야 할까요? ●워크북 살펴보기 ●한 줄 소감과 기대
4. 감사기도	10-10 감사 기도문으로 함께 기도하기

1. 인사

1) '진진가' 자기 소개[1]

2) 청문회(서로 궁금한 것 1가지씩 물어보기)

이름	연락처, 동아리 활동 참여 동기 등	이름	연락처, 동아리 활동 참여 동기 등

---

[1] 각자 자기소개를 3가지씩 한다. 그 중 1가지는 사실이 아닌 걸로. 그걸 찾아내기.

2. 나의 감사 생활 사전 진단

1) 다음 질문에 해당되는 답에 표시를 한 후 합산을 해봅시다.

①전혀 그렇지 않다 ②그런 편이다 ③보통이다 ④그렇다 ⑤매우 그렇다

	문항	전혀 그렇지 않다				매우 그렇다
1	나는 왜 긍정적 사고가 필요한지 설명할 수 있다.	①	②	③	④	⑤
2	나는 평소 긍정적인 언어를 많이 사용한다.	①	②	③	④	⑤
3	나는 평소 나에 대해 긍정적으로 생각한다.	①	②	③	④	⑤
4	나는 평소 주변 사람들에 대해 긍정적으로 생각한다.	①	②	③	④	⑤
5	나는 평소 내가 하는 일을 즐겁게 한다.	①	②	③	④	⑤
6	나는 평소 내가 처한 상황(소유, 지위 등)에 대해 긍정적으로 생각한다.	①	②	③	④	⑤
7	나는 앞으로 다가올 나의 미래에 대해 낙관적으로 생각한다.	①	②	③	④	⑤
8	나는 어려운 문제가 생길 경우 긍정적인 생각으로 잘 극복한다.	①	②	③	④	⑤
9	나는 평소 친절한 말과 표정으로 사람들을 대한다.	①	②	③	④	⑤
10	나는 긍정적인 사고가 나의 강점이라고 생각한다.	①	②	③	④	⑤
점수 계 A						
11	나는 그리스도인이 왜 감사하며 살아야 하는지 설명할 수 있다.	①	②	③	④	⑤
12	나는 늘 감사하면서 살고 있고, 그렇게 살고 싶다.	①	②	③	④	⑤
13	나는 감사거리를 찾아내는 방법을 알고 있으며, 지금 당장 최근의 고마운 일 10가지 정도를 생각해낼 수 있다.	①	②	③	④	⑤

14	나는 고마운 일을 기억해두기 위해 틈틈이 기록(일기)을 해둔다.	①	②	③	④	⑤
15	누군가로부터 도움이나 보살핌을 받았을 때 나는 반드시 표현을 해야 한다고 생각한다.	①	②	③	④	⑤
16	나는 평소 주변 사람들에게 고맙다는 표현(말, 문자)을 자주 한다.	①	②	③	④	⑤
17	오늘 집을 나선 후 휴대전화를 놓고 온 걸 뒤늦게 알았을 경우, 나는 불평하지 않고 다시 집으로 향할 수 있다.	①	②	③	④	⑤
18	나는 하나님과 이웃들에게 감사함으로써 고마운 일들이 더 많이 보이고 생겨나는 것을 평소 경험한다.	①	②	③	④	⑤
19	나는 평소 지나간 일을 후회하거나, 나(소유, 상황)를 남과 비교하지 않는다.	①	②	③	④	⑤
20	"범사에 감사하라"는 말씀은 그리스도인이 반드시 실천해야 할 명령이라고 생각한다.	①	②	③	④	⑤
점수 계 B						
21	나는 왜 그리스도인이 다른 사람을 배려하며 살아야 하는지 설명할 수 있다.	①	②	③	④	⑤
22	나는 평소 다른 사람이 내게 해주었으면 하는 걸 잘 찾아내서 해준다.	①	②	③	④	⑤
23	나는 하루에 5번 이상 주변 사람들로부터 "고맙다", "친절하다"는 인사를 받는다.	①	②	③	④	⑤
24	나는 평소 약자를 배려하고 돕는 데 관심을 갖고 산다.	①	②	③	④	⑤
25	나는 다른 사람에게 무언가 베풀면 마음이 기쁘고 행복해지는 걸 느껴 더욱 그렇게 하고 싶어진다.	①	②	③	④	⑤
26	나는 평소 다른 사람을 칭찬, 격려, 위로, 공감하려고 애를 쓴다.	①	②	③	④	⑤
27	나는 말이나 글로 표현할 때 상대방을 배려한다. 또 혼자 말하지 않고 상대방 말을 잘 들어준다.	①	②	③	④	⑤
28	나는 다른 사람에게 폐(불편)를 끼치지 않으려 공중도덕과 질서를 잘 지키며 쓰레기와 재활용품 분리 배출을 철저히 한다.	①	②	③	④	⑤
29	나는 누군가의 편리를 위해 스스로 불편을 감수한다. 나는 문을 열고 닫을 때 문 손잡이를 다음 사람에게 건네준다.	①	②	③	④	⑤
30	나는 내가 하나님과 이웃들로부터 이미 많은 것을 받아 누 리고 있으며, 그것을 다른 사람과 나눠야 한다고 생각한다.	①	②	③	④	⑤
점수 계 C						

31	나는 하나님과, 주변 사람들과 화목하게 살고 싶고, 그렇게 사는 것이 하나님의 뜻이라고 생각한다.	①	②	③	④	⑤	
32	나는 내가 하나님 앞에서 죄인임을 실감하며, 하나님께 잘못할 경우 그때마다 잘못을 인정하고 용서를 구한다.	①	②	③	④	⑤	
33	나는 내가 다른 사람에게 잘못을 하는 경우, 상대방이 수긍할 수 있을 정도로 잘못을 인정하고 사과한다	①	②	③	④	⑤	
34	나는 하나님과 이웃에게 왜 잘못을 사과하고 용서를 구해야 하는지 설명할 수 있다.	①	②	③	④	⑤	
35	나는 다른 사람에게 잘못한 경우, 어떻게 사과하고 용서를 구해야 하는지 방법을 알고 있다.	①	②	③	④	⑤	
36	나는 내가 다른 사람에게 잘못한 경우, 미루지 않고 가급적 빨리 사과하는 편이다.	①	②	③	④	⑤	
37	나는 하나님께서 나의 죄를 용서하셨기에, 나도 다른 사람의 잘못을 당연히 관용해야 한다고 생각한다.	①	②	③	④	⑤	
38	나는 사과와 용서를 막는 것이 분노임을 알고 있다. 그래서 다른 사람이 내게 잘못할 때 분노하지 않고 화를 잘 다스리는 편이다.	①	②	③	④	⑤	
39	나는 최근 내가 잘못을 인정하고 사과한 일 3가지를 기억해낼 수 있다.	①	②	③	④	⑤	
40	나는 다른 사람이 내게 잘못한 일에 대하여 관용한 일 3가지를 기억해낼 수 있다.	①	②	③	④	⑤	
점수 계 D							
점수 합계 A+B+C+D							

2) 각 그룹의 내용은 다음과 같습니다.

(1) A그룹 - 나는 얼마나 긍정적인가?

(2) B그룹 - 나는 얼마나 감사하며 사는가?

(3) C그룹 - 나는 얼마나 배려하며 사는가?

(4) D그룹 - 나는 얼마나 이웃들과 사과하고 용서하며 화목하게 사는가?

3) 위 진단 결과를 기록해봅시다.

점수 계	내용 구분	나의 점수	비고
A	얼마나 긍정적인가?	/ 50	
B	얼마나 감사하며 사는가?	/ 50	
C	얼마나 이웃을 배려하며 사는가?	/ 50	
D	얼마나 용서받고 용서하며 사는가?	/ 50	
점수 합계		/ 200	

4) A, B, C, D 항목 중 가장 점수가 높은 것은?

5) A, B, C, D 항목 중 가장 점수가 낮은 것은?

6) 각 그룹별로 점수가 가장 낮은 항목에 0표를 해봅시다.
어떻게 그 항목을 개선할 것인지 대책을 생각해봅시다.

항목 번호	개선할 점

3. 왜 그리스도인은 감사, 배려, 사과, 용서의 삶을 살아야 할까요?

아래 성경말씀을 참고하여 이야기를 나눠봅시다.[1]

1
2
3
4
5
6
7

1) ● 항상 기뻐하십시오. 끊임없이 기도하십시오. 모든 일에 감사하십시오. 이것이 그리스도 예수 안에서 여러분에게
    바라시는 하나님의 뜻입니다. (데살로니가전서 5:16-18, 새번역)

    ● 기도에 힘을 쓰십시오. 감사하는 마음으로 기도하면서, 깨어 있으십시오. (골로새서 4:2, 새번역)

    ● "너희는 그 열매를 보고 그들을 알아야 한다. 가시나무에서 어떻게 포도를 따며, 엉겅퀴에서 어떻게 무화과를 딸
    수 있겠느냐? 이와 같이, 좋은 나무는 좋은 열매를 맺고, 나쁜 나무는 나쁜 열매를 맺는다. 좋은 나무가 나쁜 열매를
    맺을 수 없고, 나쁜 나무가 좋은 열매를 맺을 수 없다. 좋은 열매를 맺지 않는 나무는, 찍어서 불 속에 던진다. 그러
    므로 너희는 그 열매를 보고 그 사람들을 알아야 한다." (마태복음 7:16-20, 새번역)

    ● 좋은 나무가 나쁜 열매를 맺지 않고, 또 나쁜 나무가 좋은 열매를 맺지 않는다. 나무는 각각 그 열매를 보면 안다.
    가시나무에서 무화과를 거두어들이지 못하고, 가시덤불에서 포도를 따지 못한다. (누가복음 6:43-44, 새번역)

    ● 그러나 성령의 열매는 사랑과 기쁨과 화평과 인내와 친절과 선함과 신실과 온유와 절제입니다. 이런 것들을 막
    을 법이 없습니다. (갈라디아서 5:22-23, 새번역)

    ● 너희는 세상의 빛이다. 산 위에 세운 마을은 숨길 수 없다. 또 사람이 등불을 켜서 말 아래에다 내려놓지 아니하
    고, 등경 위에다 놓아둔다. 그래야 등불이 집 안에 있는 모든 사람에게 환히 비친다. 이와 같이, 너희 빛을 사람에게
    비추어서, 그들이 너희의 착한 행실을 보고, 하늘에 계신 너희 아버지께 영광을 돌리게 하여라. (마태복음 5:14-16,
    새번역)

4. 워크북 살펴보기

제2부 '10-10 감사동아리' 운영방법 등

5. 오늘 동아리 활동 한 줄 소감과 기대

6. 감사 기도

10-10 감사 기도문

주님을 만나게 하시고, 저희 죄를 용서하시고,

영원한 생명을 주신 하나님 감사합니다.

부모와 자녀, 형제자매와 좋은 이웃들을 만나게 하셔서 서로 돌보고

보살피며 주님께서 가르쳐주신 사랑을 나누게 하시니 감사합니다.

특별히 감사학교 감사동아리에 초대해주셔서

범사에 감사하는 삶을 연습하게 하심 감사합니다.

주님, 감사동아리 활동을 통해 감사, 배려, 사과, 용서를 배워

열매 맺는 성숙한 신앙생활을 하고 싶습니다.

저희 삶 속에 부어주시는 하나님의 은혜에 항상 감사하게 하옵소서.

범사에 감사하게 하옵소서.

가족과 이웃들로부터 받는 사랑을 잊지 않게 하시고,

고마운 마음을 표현하고 갚게 하옵소서.

주님께로부터 받은 은혜를 이웃들에게 나누며 살게 하옵소서.

받는 사람에서 주는 사람으로 성숙하게 하옵소서.

언제 어디서나 선한 사마리아인으로 살아가게 하옵소서.

또한 저희가 이웃들에게 잘못한 것을 깨닫게 하셔서

해가 지기 전에 사과하게 하시고, 주님께서 저희를 용서하신 것처럼

저희도 이웃의 잘못을 관용하게 하옵소서.

하루 열 번 감사하고, 하루 열 번 이웃들로부터

감사 인사를 받는 삶을 살게 하옵소서.

그래서 저희 삶의 현장을 하나님의 나라로 이뤄나가게 하옵소서.

예수님의 이름으로 감사하며 기도 드립니다. 아멘

7. 다음 모임 준비

1) 모임 참석하기 전에 유튜브 강의 시청하기

2) 10-10 감사일기 작성하기

● 10-10 감사일기장

하나님의 은혜, 이웃들의 돌봄과 보살핌에 대해 고마운 마음을 표현합시다.
그 중 특별히 기억하고 싶은 사연을 아래 일기장에 기록해봅시다.
그리고 지난 일기 내용을 다시 읽어보며 항상 감사합시다.

1) 하나님 은혜	1	고마운 대상은? 언제?	하나님
	2	어떤 점이 고마웠나?	
	3	고마움을 어떻게 표현했나?	
	4	하나님은 어떻게 느끼셨을까?	

2) **하나님** **은혜**	1	고마운 대상은? 언제?	하나님
	2	어떤 점이 고마웠나?	
	3	고마움을 어떻게 표현했나?	
	4	하나님은 어떻게 느끼셨을까?	
3) **고마운** **일**	1	고마운 사람은? 언제?	
	2	어떤 점이 고마웠나?	
	3	고마움을 어떻게 표현했나?	
	4	상대방 반응은?	
4) **고마운** **일**	1	고마운 사람은? 언제?	
	2	어떤 점이 고마웠나?	
	3	고마움을 어떻게 표현했나?	
	4	상대방 반응은?	

1C1C 감사행전 感 謝 行 傳

5) 고마운 일	1	고마운 사람은? 언제?	
	2	어떤 점이 고마웠나?	
	3	고마움을 어떻게 표현했나?	
	4	상대방 반응은?	
6) 고마운 일	1	고마운 사람은? 언제?	
	2	어떤 점이 고마웠나?	
	3	고마움을 어떻게 표현했나?	
	4	상대방 반응은?	
7) 내가 받은 감사 표현	1	언제, 누구로부터 받았나?	
	2	어떤 일로 고마워했나?	
	3	상대방이 어떻게 표현했나?	
	4	그때 내 기분은?	
	5	나는 어떻게 반응했나?	

1-1 | 제1층
감사의 계단 오르기

용서
(4층)

사과(3층)

배려(2층)

감사(1층)

감사동아리 모임 진행 순서

※유튜브 강의를 미리 듣고 참여하면 효과적입니다.

각 단원의 QR코드로 유튜브 '감사학교TV'에서 강의 동영상 검색

순서	내용
1. 감사 찬양	4곡의 주제가 중 선정하여 부르기
2. 감사일기 나누기	10-10 감사일기 중 1가지만 깊이있게(1인당 2분 내외)
3. 워크숍	●감사란? ●왜 감사를 해야 하나?
4. 감사 기도하기	10-10 감사 기도문으로 함께 기도하기

1. 감사란?

1) '감사'로 2행시를 지어봅시다

 감

사

2) '감사'의 사전적 정의는 무엇인가요?[1)]

감사(感謝)

3) 나는 '감사'를 무엇이라고 생각합니까? 그렇게 생각하는 이유는?[2)]

감사 = ( ) 이다.	왜냐하면…

---

1) '감사'를 의미하는 'Thank'는 '생각하다'를 의미하는 'Think'에서 나온 말이다. 생각해보면(Think) 누구나 감사하게
(Thank) 된다.

2) △감사는 아메리카노이다 - 매일 아침 마시는 아메리카노처럼 매일 아침 꼭 해야 하는 행복한 습관이기 때문에. 감
사는 △감사는 뒷뜰에 묻혀 있는 보물이다 - 캐야 하니까. △감사는 목욕이다 - 삶의 때를 씻어주고 기분 좋게 만들어
주니까.

감사 = ( ) 이다.	왜냐하면…

4) '감사' 를 주제로 15자 글짓기를 해봅시다.[3] (구두점, 띄어쓰기 없이)

---

3)   눈감으면 떠오르는 일이나 사람 얼굴

2. 왜 감사해야 하나?

1) 나는 왜 감사를 하며 살아야 한다고 생각하나요? (2개만 골라보세요)

(1) 내 삶을 변화시키기 위해서

(2) 삶의 어려움을 이겨내기 위해서

(3) 더 행복해지기 위해서

(4) 더 건강한 삶을 위해서

(5) 사람들과 관계를 좋게 하기 위해서

(6) 하나님의 명령이기 때문에

(7) 그밖에 (   )

2) 그리스도인이 감사를 하며 살아야 하는 이유는?[4)]
성경은 왜 범사에 감사하라고 명하셨을까요?
각주의 성경말씀을 참조하여 정리해봅시다.

1

---

4) ●항상 기뻐하십시오. 끊임없이 기도하십시오. 모든 일에 감사하십시오. 이것이 그리스도 예수 안에서 여러분에게 바라시는 하나님의 뜻입니다. (데살로니가전서 5:16-18, 새번역) '범사에(凡事에, 어떤 처지에서든지, 모든 일에, in all circumstances, in every thing)'

●기도에 힘을 쓰십시오. 감사하는 마음으로 기도하면서, 깨어 있으십시오. (골로새서 4:2, 새번역)

●아무것도 염려하지 말고, 모든 일을 오직 기도와 간구로 하고, 여러분이 바라는 것을 감사하는 마음으로 하나님께 아뢰십시오. 그리하면 사람의 헤아림을 뛰어넘는 하나님의 평화가 여러분의 마음과 생각을 그리스도 예수 안에서 지켜 줄 것입니다. (빌립보서 4:6~7, 새번역)

●너희는 주님께 감사하면서, 그의 이름을 불러라. 그가 하신 일을 만민에게 알려라. (역대상 16:8, 새번역)

●우리가 하나님께 끊임없이 감사하는 것은, 여러분이 우리에게서 하나님의 말씀을 받을 때에, 사람의 말로 받아들이지 아니하고, 실제 그대로, 하나님의 말씀으로 받아들였기 때문입니다. 이 하나님의 말씀은 또한, 신도 여러분 가운데서 살아 움직이고 있습니다. (데살로니가전서 2:13, 새번역)

●모든 일에 언제나 우리 주 예수 그리스도의 이름으로 하나님 아버지께 감사를 드리십시오. (에베소서 5:20, 새번역)

2

3

4

5

6

7

● 형제자매 여러분, 우리는 여러분을 두고 언제나 하나님께 감사를 드릴 수밖에 없습니다. 그렇게 하는 것이 당연한 일이니, 그것은, 여러분의 믿음이 크게 자라고, 여러분 모두가 각자 서로에게 베푸는 사랑이 더욱 풍성해 가고 있기 때문입니다. (데살로니가후서 1:3, 새번역)

● 주님의 사랑을 받는 형제자매 여러분, 우리는 여러분의 일로 언제나 하나님께 감사하지 않을 수 없습니다. 하나님께서는 여러분을 성령으로 거룩하게 하시고, 진리를 믿게 하여 구원에 이르게 하시려고, 처음부터 여러분을 택하여 주셨기 때문입니다. (데살로니가후서 2:13, 새번역)

● 나는 나에게 능력을 주신 우리 주 그리스도 예수께 감사를 드립니다. 주님께서 나를 신실하게 여기셔서, 나에게 이 직분을 맡겨 주셨습니다. (디모데전서 1:12, 새번역)

● 여러분은 그분 안에 뿌리를 박고, 세우심을 입어서, 가르침을 받은 대로 믿음을 굳게 하여 감사의 마음이 넘치게 하십시오. (골로새서 2:7, 새번역)

● 그리스도의 평화가 여러분의 마음을 지배하게 하십시오. 이 평화를 누리도록 여러분은 부르심을 받아 한 몸이 되었습니다. 또 여러분은 감사하는 사람이 되십시오. 그리스도의 말씀이 여러분 가운데 풍성히 살아 있게 하십시오. 온갖 지혜로 서로 가르치고 권고하십시오. 감사한 마음으로 시와 찬미와 신령한 노래로 여러분의 하나님께 마음을 다하여 찬양하십시오. 그리고 말이든 행동이든 무엇을 하든지, 모든 것을 주 예수의 이름으로 하고, 그분에게서 힘을 얻어서, 하나님 아버지께 감사를 드리십시오. (골로새서 3:15-17, 새번역)

● 기도에 힘을 쓰십시오. 감사하는 마음으로 기도하면서, 깨어 있으십시오. (골로새서 4:2, 새번역)

3) 감사를 하며 살면 어떤 점이 좋을까요?[5]

● 오늘 동아리 활동 한 줄 소감

_____

_____

_____

_____

_____

---

5) "매일 감사하며 사는 사람들은 그렇지 않은 사람들보다 평균 7년을 더 오래 산다." -미국 듀크 대학 병원 해롤드 쾨니히, 데이비드 라슨

● 10-10 감사일기장

하나님의 은혜, 이웃들의 돌봄과 보살핌에 대해 고마운 마음을 표현합시다.
그 중 특별히 기억하고 싶은 사연을 아래 일기장에 기록해봅시다.
그리고 지난 일기 내용을 다시 읽어보며 항상 감사합시다.

1) **하나님** **은혜**	1	고마운 대상은? 언제?	하나님
	2	어떤 점이 고마웠나?	
	3	고마움을 어떻게 표현했나?	
	4	하나님은 어떻게 느끼셨을까?	
2) **하나님** **은혜**	1	고마운 대상은? 언제?	하나님
	2	어떤 점이 고마웠나?	
	3	고마움을 어떻게 표현했나?	
	4	하나님은 어떻게 느끼셨을까?	

III

1C1C 감사행전

善 行 德

3) 고마운 일	1	고마운 사람은? 언제?	
	2	어떤 점이 고마웠나?	
	3	고마움을 어떻게 표현했나?	
	4	상대방 반응은?	
4) 고마운 일	1	고마운 사람은? 언제?	
	2	어떤 점이 고마웠나?	
	3	고마움을 어떻게 표현했나?	
	4	상대방 반응은?	
5) 고마운 일	1	고마운 사람은? 언제?	
	2	어떤 점이 고마웠나?	
	3	고마움을 어떻게 표현했나?	
	4	상대방 반응은?	

6) **고마운** **일**	1	고마운 사람은? 언제?	
	2	어떤 점이 고마웠나?	
	3	고마움을 어떻게 표현했나?	
	4	상대방 반응은?	
7) **내가 받은** **감사 표현**	1	언제, 누구로부터 받았나?	
	2	어떤 일로 고마워했나?	
	3	상대방이 어떻게 표현했나?	
	4	그때 내 기분은?	
	5	나는 어떻게 반응했나?	

1-2 | 제1층
감사의 계단 오르기

용서
(4층)

사과(3층)

배려(2층)

감사(1층)

감사동아리 모임 진행 순서

※유튜브 강의를 미리 듣고 참여하면 효과적입니다.
각 단원의 QR코드로 유튜브 '감사학교TV'에서 강의 동영상 검색

순서	내용
1. 감사 찬양	4곡의 주제가 중 선정하여 부르기
2. 감사일기 나누기	10-10 감사일기 중 1가지만 깊이있게(1인당 2분 내외)
3. 워크숍	●감사를 막는 벽 ●감사를 여는 문
4. 감사 기도하기	10-10 감사 기도문으로 함께 기도하기

1. 감사를 막는 벽

1) 나의 경우 감사를 하지 않게 되는 원인은 어떤 것이라고 생각하나요?

(2가지만 고르세요)

(1) 감사할 일이 별로 없다.

(2) 좋은 일은 있지만 운이 좋아서 된 것이라는 생각

(3) 좋은 일은 있지만 내 능력과 노력으로 된 것이라는 생각

(4) 감사에 대한 무관심

(5) 잊어버림

(6) 감사보다 더 큰 걱정과 염려

(7) 당연하다는 생각

(8) 그밖에(   )

2) 무엇이 감사를 막을까요?
위의 원인들과 각주의 성경말씀을 참조하여 정리해봅시다.[1]

---

1) "그러므로 내가 너희에게 말한다. 목숨을 부지하려고 무엇을 먹을까 또는 무엇을 마실까 걱정하지 말고, 몸을 감싸려고 무엇을 입을까 걱정하지 말아라. 목숨이 음식보다 소중하지 아니하냐? 몸이 옷보다 소중하지 아니하냐. 공중의 새를 보아라. 씨를 뿌리지도 않고, 거두지도 않고, 곳간에 모아들이지도 않으나, 너희의 하늘 아버지께서 그것들을 먹이신다. 너희는 새보다 귀하지 아니하냐. 너희 가운데서 누가, 걱정을 해서, 자기 수명을 한 순간인들 늘일 수 있느냐?
어찌하여 너희는 옷 걱정을 하느냐. 들의 백합화가 어떻게 자라는가 살펴보아라. 수고도 하지 않고, 길쌈도 하지 않는다. 그러나 내가 너희에게 말한다. 온갖 영화로 차려 입은 솔로몬도 이 꽃 하나와 같이 잘 입지는 못하였다. 오늘 있다가 내일 아궁이에 들어갈 들풀도 하나님께서 이와 같이 입히시거든, 하물며 너희들을 입히시지 않겠느냐?
믿음이 적은 사람들아! 그러므로 무엇을 먹을까, 무엇을 마실까, 무엇을 입을까, 하고 걱정하지 말아라. 이 모든 것은 모두 이방사람들이 구하는 것이요, 너희의 하늘 아버지께서는, 이 모든 것이 너희에게 필요하다는 것을 아신다. 너희는 먼저 하나님의 나라와 하나님의 의를 구하여라. 그리하면 이 모든 것을 너희에게 더하여 주실 것이다. 그러므로 내일 일을 걱정하지 말아라. 내일 걱정은 내일이 맡아서 할 것이다. 한 날의 괴로움은 그 날에 겪는 것으로 족하다."(마태복음 6:25-34, 새번역)

3) 위의 예 중에서 나의 경우, 가장 영향을 많이 주는 것 4가지를 든다면?

2. 감사를 여는 문

1) 감사를 생활화하며 산 인물 중 닮고 싶은 사람은 누구입니까?
   그의 어떤 점을 닮고 싶습니까?[2]

이름	닮고 싶은 점
오프라 윈프리	
메이플라워호 청교도들	
윌리엄 캐리	

---

2) 제4부 부록 참조

2) 감사의 문을 열어주는 중요한 열쇠들은 무엇이라고 생각하십니까?[3]

열쇠	왜?

3) 다음 부정적인 말을 긍정적인 말로 고쳐봅시다.

부정적 표현	긍정적 표현
"오늘도 늦으면 어떡해?"[4]	
"또 실수한 거야?"	
"왜 이렇게 전화를 안 받니?"	
"또 핸드폰 안 갖고 나왔네!"	

---

3) ●예수께서 그에게 말씀하셨다. "'할 수 있으면'이 무슨 말이냐? 믿는 사람에게는 모든 일이 가능하다." 그 아이 아버지는 큰소리로 외쳐 말했다. "내가 믿습니다. 믿음 없는 나를 도와주십시오." (마가복음 9:23-24, 새번역)

●긍정적 사고는 감사를 열어주는 문이다. 세상을 긍정의 눈으로 바라볼 때 감사의 근거들이 보이기 시작한다. 그렇다고 해서 긍정적 사고 자체가 어떤 힘을 가지고 있는 것이 아니다. 긍정적 사고의 뿌리는 믿음이다. 가나안 정탐에 나선 이들 중 여호수아와 갈렙만이 상황을 긍정적으로 봤다. (민수기 13장 25절~) 소년 다윗도 골리앗을 두려워하지 않았다. 그리스도인은 긍정적인 믿음으로 나, 다른 사람, 일, 상황, 미래를 긍정적으로 바라봐야 한다. 그때 감사거리들이 보이기 시작한다.

4) "오늘 급한 일이 있었나 보네?"

4) 긍정의 눈으로 바라봐야 할 대상 5가지입니다.
구체적으로 어떻게 바라봐야 할까요?

대상	구체적으로 필요한 관점
나	
다른 사람	
상황	
일	
미래	

● 오늘 동아리 활동 한 줄 소감

●10-10 감사일기장

하나님의 은혜, 이웃들의 돌봄과 보살핌에 대해 고마운 마음을 표현합시다.
그 중 특별히 기억하고 싶은 사연을 아래 일기장에 기록해봅시다.
그리고 지난 일기 내용을 다시 읽어보며 항상 감사합시다.

1) **하나님** **은혜**	1	고마운 대상은? 언제?	하나님
	2	어떤 점이 고마웠나?	
	3	고마움을 어떻게 표현했나?	
	4	하나님은 어떻게 느끼셨을까?	
2) **하나님** **은혜**	1	고마운 대상은? 언제?	하나님
	2	어떤 점이 고마웠나?	
	3	고마움을 어떻게 표현했나?	
	4	하나님은 어떻게 느끼셨을까?	

3) 고마운 일	1	고마운 사람은? 언제?	
	2	어떤 점이 고마웠나?	
	3	고마움을 어떻게 표현했나?	
	4	상대방 반응은?	
4) 고마운 일	1	고마운 사람은? 언제?	
	2	어떤 점이 고마웠나?	
	3	고마움을 어떻게 표현했나?	
	4	상대방 반응은?	
5) 고마운 일	1	고마운 사람은? 언제?	
	2	어떤 점이 고마웠나?	
	3	고마움을 어떻게 표현했나?	
	4	상대방 반응은?	

6) 고마운 일	1	고마운 사람은? 언제?	
	2	어떤 점이 고마웠나?	
	3	고마움을 어떻게 표현했나?	
	4	상대방 반응은?	
7) 내가 받은 감사 표현	1	언제, 누구로부터 받았나?	
	2	어떤 일로 고마워했나?	
	3	상대방이 어떻게 표현했나?	
	4	그때 내 기분은?	
	5	나는 어떻게 반응했나?	

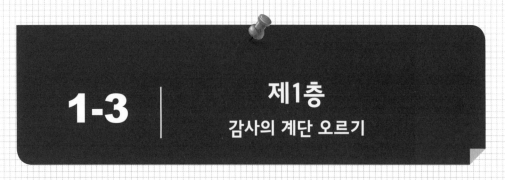

1-3 | 제1층
감사의 계단 오르기

감사동아리 모임 진행 순서

※유튜브 강의를 미리 듣고 참여하면 효과적입니다.
각 단원의 QR코드로 유튜브 '감사학교TV'에서 강의 동영상 검색

순서	내용
1. 감사 찬양	4곡의 주제가 중 선정하여 부르기
2. 감사일기 나누기	10-10 감사일기 중 1가지만 깊이있게(1인당 2분 내외)
3. 워크숍	●감사 찾기
4. 감사 기도하기	10-10 감사 기도문으로 함께 기도하기

1. 감사 찾기

1) 다음 중 나의 행복에 가장 중요한 것 2가지를 골라 보세요.
   왜 그렇게 생각하시나요?[1]

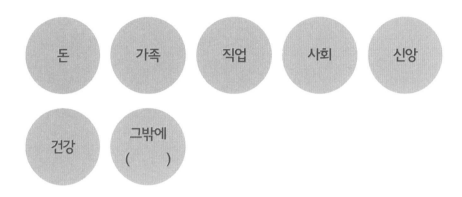

2) 내 인생 최고의 감사 제목은 무엇인가요? (3가지만 고르세요)

   (1) 하나님 믿게 된 것
   (2) 자녀 주신 것
   (3) 건강 주신 것
   (4) 배우자 만나게 해주신 것
   (5) 부모님 만난 것
   (6) 고통 극복하며 희망 잃지 않고 살아온 것
   (7) 선하게 살아온 것
   (8) 경제적으로 어려움 없이 살아온 것
   (9) 그밖에 (   )

---

1) 퓨리서치센터 조사결과, 경향신문 2021. 11. 22. '무엇이 삶을 의미있게 하는가' 참조

3) 공들이 불평 대회를 열었습니다. 내가 다음의 공이라면 어떤 불만을 말할까요?

공	불만(불평)
배구공	
축구공	
야구공	
골프공	

4) 공들이 감사 대회를 열었습니다.
내가 다음의 공이라면 어떤 감사(자랑)를 말할까요?

공	불만(불평)
배구공	
축구공	
야구공	
골프공	

5) 일반 은총(은혜)과 특별 은총(은혜)은 어떻게 다른가요?[2]

일반 은총(common grace)	
특별 은총(special grace)	

6) 다음은 삶 속에서 감사를 찾는 그물 4가지 키워드입니다.[3]

---

2) 은혜란, 하나님께서 값없이 자발적으로 베풀어주시는 사랑의 선물. 일반 은혜(common grace)란, 하나님께서 모든 사람에게 구별 없이 베풀어주시는 것. 하나님은 선인이나 악인에게 똑같이 햇볕과 비를 내리시고, 먹을 양식을 주신다. 특별은총(special grace)은 하나님의 섭리와 선택으로 죄를 용서받고 예수 그리스도를 믿는 구원과 은혜의 길에 인도되는 것.

3) 주님은 나의 목자시니, 내게 부족함 없어라. 나를 푸른 풀밭에 누이시며 쉴 만한 물 가로 인도하신다. 나에게 다시 새 힘을 주시고, 당신의 이름을 위하여 바른 길로 나를 인도하신다. 내가 비록 죽음의 그늘 골짜기로 다닐지라도, 주님께서 나와 함께 계시고, 주님의 막대기와 지팡이로 나를 보살펴 주시니, 내게는 두려움이 없습니다. 주님께서는, 내 원수들이 보는 앞에서 내게 잔칫상을 차려 주시고, 내 머리에 기름 부으시어 나를 귀한 손님으로 맞아 주시니, 내 잔이 넘칩니다. 진실로 주님의 선하심과 인자하심이 내가 사는 날 동안 나를 따르리니, 나는 주님의 집으로 돌아가 영원히 그 곳에서 살겠습니다. (시편 23편, 새번역).

(1) 위의 4가지 키워드로 내 삶 속에서 고마운 일을 2가지씩 찾아봅시다.[4]

키워드	지금 내 삶 속의 고마운 일[5]
남은 것을 찾아라	
숨어 있는 것을 찾아라	
특별하게 바라봐라	나의 심장은 하루에 몇 번이나 뛰는가? 나는 하루에 몇 번이나 숨을 쉬는가?
좋은 쪽을 바라봐라	사과 3개를 맛있게 먹는 방법은?

7) 나는 어떤 유형인가요?[5]

유형	특징	해당 여부
감사 색맹	삶에 기적 같은 일이 찾아와도 못 보는 사람	
감사 하수(下手)	삶에 기적 같은 일이 찾아올 때만 감사하는 사람	
감사 중수(中手)	사소한 일상에서도 감사거리를 보는 사람	
감사 고수(高手)	불만스럽고 고통스러운 일에서도 교훈을 찾아 감사하는 사람	

---

4) 항상 기뻐하십시오. 끊임없이 기도하십시오. 모든 일에 감사하십시오. 이것이 그리스도 예수 안에서 여러분에게 바라시는 하나님의 뜻입니다. (데살로니가전서 5:16-18, 새번역)

5) 김민철목사(감사학교 강사)

8) 감사색맹을 위한 감사거리 찾기 체크리스트

번호	항목
1	현재의 일 뿐만 아니라, ( ) 일에서도 감사할 일이 없는지 찾아보자.
2	눈에 보이는 것뿐만 아니라, 눈을 감고 기억에 떠오르는 감사거리도 찾아보자.
3	당연히 감사할 것들('그러니까 감사')만이 아니라, 짜증을 내거나 불만스러워 해야 할 일 가운데 역발상하여 ( ) 일은 없는지 찾아보자.
4	내게 다가온 일을 가장 좋은 일과 비교하지 말고, 최악의 일(예 : 죽음)과 비교해보자.
5	'나'에게 고마운 일만 찾지 말고, 공동체 전체에 고마운 일도 찾아보자.
6	다른 사람의 현재 모습과 나를 비교하지 말고, ( )의 나와 현재의 나를 비교해보자.
7	새로 주어진 것만 찾지 말고, 이미 ( ) 것도 찾아보자.
8	내가 원해서 생긴 것만 찾지 말고, 원하지 않았는데 이미 ( ) 찾아보자.
9	남에게서 받은 것만 찾지 말고, 내가 남에게 ( ) 것도 찾아보자.

9) 범사에 감사하라 하셨는데 고난 가운데 감사한 적이 있나요?
있다면 어떤 경우였나요?

● 오늘 동아리 활동 한 줄 소감

● 10-10 감사일기장

하나님의 은혜, 이웃들의 돌봄과 보살핌에 대해 고마운 마음을 표현합시다.
그 중 특별히 기억하고 싶은 사연을 아래 일기장에 기록해봅시다.
그리고 지난 일기 내용을 다시 읽어보며 항상 감사합시다.

1) 하나님 은혜	1	고마운 대상은? 언제?	하나님
	2	어떤 점이 고마웠나?	
	3	고마움을 어떻게 표현했나?	
	4	하나님은 어떻게 느끼셨을까?	

2) 하나님 은혜	1	고마운 대상은? 언제?	하나님
	2	어떤 점이 고마웠나?	
	3	고마움을 어떻게 표현했나?	
	4	하나님은 어떻게 느끼셨을까?	
3) 고마운 일	1	고마운 사람은? 언제?	
	2	어떤 점이 고마웠나?	
	3	고마움을 어떻게 표현했나?	
	4	상대방 반응은?	
4) 고마운 일	1	고마운 사람은? 언제?	
	2	어떤 점이 고마웠나?	
	3	고마움을 어떻게 표현했나?	
	4	상대방 반응은?	

1C1C 감사행진

5) 고마운 일	1	고마운 사람은? 언제?	
	2	어떤 점이 고마웠나?	
	3	고마움을 어떻게 표현했나?	
	4	상대방 반응은?	
6) 고마운 일	1	고마운 사람은? 언제?	
	2	어떤 점이 고마웠나?	
	3	고마움을 어떻게 표현했나?	
	4	상대방 반응은?	
7) 내가 받은 감사 표현	1	언제, 누구로부터 받았나?	
	2	어떤 일로 고마워했나?	
	3	상대방이 어떻게 표현했나?	
	4	그때 내 기분은?	
	5	나는 어떻게 반응했나?	

1-4 | 제1층
감사의 계단 오르기

용서
(4층)

사과(3층)

배려(2층)

감사(1층)

감사동아리 모임 진행 순서

※유튜브 강의를 미리 듣고 참여하면 효과적입니다.

각 단원의 QR코드로 유튜브 '감사학교TV'에서 강의 동영상 검색

순서	내용
1. 감사 찬양	4곡의 주제가 중 선정하여 부르기
2. 감사일기 나누기	10-10 감사일기 중 1가지만 깊이있게(1인당 2분 내외)
3. 워크숍	●감사 기억하기 ●감사 표현하기
4. 감사 기도하기	10-10 감사 기도문으로 함께 기도하기

1. 감사 기억하기

1) 감사일기를 쓰는 목적이 무엇이라고 생각합니까?

　기억하는 것보다 (　　　　　　　)하는 것이 더 오래 남는다.

2) 감사일기를 쓰면 어떤 점이 좋아지는지 생각해봅시다.[1]

1		6	
2		7	
3		8	
4		9	
5		10	

3) 나의 경우, 감사일기 작성에 가장 큰 벽은 무엇인가요?

　(1) 게으름

　(2) 의무감에 형식적으로 기록

　(3) 바쁨, 시간 부족

　(4) 감사 거리 부족

　(5) 감사일기를 써도 삶에 도움이 되지 않음

　(6) 잊어버림

　(7)그밖에 (　　　　　　　　　　　　　　　　　　　　)

---

[1]　고마웠던 일을 기억할 수 있다. 감사거리를 찾아 보게 된다. 주변 사람들이 달라 보인다. 표정이 달라진다. 삶이 즐겁다 등.

THANKS SCHOOL SEASON3 WORKBOOK

1C1C 감사행전

2. 감사 표현하기

1) 나는 평소 얼마나 감사를 표현하나요?

(1) 거의 표현하지 않는다.

(2) 별로 표현하지 않는다.

(3) 가끔 표현한다.

(4) 자주 표현한다.

2) 사람들은 왜 감사를 잘 표현하지 않을까요?

(1) 감사 표현이 익숙하지 않아서(습관이 안돼서)

(2) 감사 표현하는 방법을 잘 몰라서

(3) 감사 표현을 하지 않아도 알 거라고 생각해서

(4) 나중에 표현하면 될 것 같아서

3) 나는 평소 어떤 방법으로 감사를 표현하나요?

(1) 말로 한다.

(2) 문자 등 SNS로 한다.

(3) 몸으로(악수, 포옹)

(4) 선물(물질)로 한다.

(5) 편지나 카드로 한다.

(6) 마음으로

(7) 기도로 한다.

(8) 그밖에 (   )

4) 나의 경우 감사를 자주 표현하는 상대는?

(1) 하나님

(2) 자녀

(3) 교회 성도

(4) 서비스 제공자

(5) 배우자

(6) 친구, 선후배, 지인

CHAPTER

03

감사동아리 활동 노트

(7) 직장 동료, 거래처

(8) 부모

(9) 이웃

(10) 그밖에 (   )

5) 감사는 표현입니다. 내가 고마운 일을 베풀었는데
고마움을 표현하지 않아 서운했던 사례를 찾아봅시다.[2]

사례	아쉬웠던 점

THANKS SCHOOL SEASON3 WORKBOOK

1C1C 감사행전

---

2) 예수께서 예루살렘으로 가시는 길에, 사마리아와 갈릴리 사이로 지나가시게 되었다. 예수께서 어떤 마을에 들어가 시다가 나병환자 열 사람을 만나셨다. 그들은 멀찍이 멈추어 서서, 소리를 높여 말하였다. "예수 선생님, 우리를 불 쌍히 여겨 주십시오." 예수께서는 보시고 그들에게 말씀하셨다. "가서, 제사장들에게 너희 몸을 보여라." 그런데 그 들이 가는 동안에 몸이 깨끗해졌다. 그런데 그들 가운데 한 사람은 자기의 병이 나은 것을 보고, 큰 소리로 하나님 께 영광을 돌리면서 되돌아와서, 예수의 발 앞에 엎드려 감사를 드렸다. 그런데 그는 사마리아 사람이었다. 그래 서 예수께서 말씀하셨다. "열 사람이 깨끗해지지 않았느냐? 그런데 아홉 사람은 어디에 있느냐? 하나님께 영광을 돌리러 되돌아온 사람은, 이 이방 사람 한 명밖에 없느냐?" 그런 다음에 그에게 말씀하셨다. "일어나서 가거라. 네 믿음이 너를 구원하였다." (누가복음 17:11 -19, 새번역)

6) 감사는 표현입니다.

감사를 표현할 때에는 어떤 점에 유의하면 좋을지 생각해봅시다.[3]

7) 나는 하나님께 감사한 것을 어떻게 표현하나요?[4]

(1) 기도로

(2) 찬양으로

(3) 헌금으로

(4) 교회 사역 봉사로

(5) 사회 봉사로

(6) 이웃에게 나눔으로

(7) 그밖에 (   )

---

3) 그 자리에서 즉시 표현하라, 당사자에게 직접 표현하라, 고마운 것을 구체적으로 표현하라 등.

4) 하나님께서 여러분을 모든 일에 부요하게 하시므로, 여러분이 후하게 헌금을 하게 될 것입니다. 우리가 여러분의 헌금을 전달하면, 많은 사람이 하나님께 감사를 드리게 될 것입니다. 여러분이 수행하는 이 봉사의 일은 성도들의 궁핍을 채워줄 뿐만 아니라, 많은 사람들로 하여금, 하나님께 감사를 넘치게 드리게 할 것입니다. (고린도후서 9:11-12, 새번역)

8) 상대방이 나에게 감사를 표해올 때 어떻게 답하면 좋을지 생각해봅시다.

"고맙습니다"	

9) 지금 가장 고마운 이에게 SNS로 감사 메시지를 보냅시다.
   어떤 답변이 오는지 옮겨 적어봅시다.

대상	보낸 메시지	받은 메시지 (응답)	내 기분은?

●오늘 동아리 활동 한 줄 소감

● 10-10 감사일기장

하나님의 은혜, 이웃들의 돌봄과 보살핌에 대해 고마운 마음을 표현합시다.
그 중 특별히 기억하고 싶은 사연을 아래 일기장에 기록해봅시다.
그리고 지난 일기 내용을 다시 읽어보며 항상 감사합시다.

1) **하나님** **은혜**	1	고마운 대상은? 언제?	하나님
	2	어떤 점이 고마웠나?	
	3	고마움을 어떻게 표현했나?	
	4	하나님은 어떻게 느끼셨을까?	
2) **하나님** **은혜**	1	고마운 대상은? 언제?	하나님
	2	어떤 점이 고마웠나?	
	3	고마움을 어떻게 표현했나?	
	4	하나님은 어떻게 느끼셨을까?	

III

1C1C 감사행전

感
謝
行
傳

3) 고마운 일	1	고마운 사람은? 언제?	
	2	어떤 점이 고마웠나?	
	3	고마움을 어떻게 표현했나?	
	4	상대방 반응은?	
4) 고마운 일	1	고마운 사람은? 언제?	
	2	어떤 점이 고마웠나?	
	3	고마움을 어떻게 표현했나?	
	4	상대방 반응은?	
5) 고마운 일	1	고마운 사람은? 언제?	
	2	어떤 점이 고마웠나?	
	3	고마움을 어떻게 표현했나?	
	4	상대방 반응은?	

6) 고마운 일	1	고마운 사람은? 언제?	
	2	어떤 점이 고마웠나?	
	3	고마움을 어떻게 표현했나?	
	4	상대방 반응은?	
7) 내가 받은 감사 표현	1	언제, 누구로부터 받았나?	
	2	어떤 일로 고마워했나?	
	3	상대방이 어떻게 표현했나?	
	4	그때 내 기분은?	
	5	나는 어떻게 반응했나?	

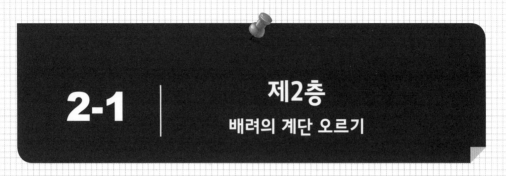

2-1 | **제2층**
배려의 계단 오르기

용서
(4층)

사과(3층)

배려(2층)

감사(1층)

감사동아리 모임 진행 순서

※유튜브 강의를 미리 듣고 참여하면 효과적입니다.
각 단원의 QR코드로 유튜브 '감사학교TV'에서 강의 동영상 검색

순서	내용
1. 감사 찬양	4곡의 주제가 중 선정하여 부르기
2. 감사일기 나누기	10-10 감사일기 중 1가지만 깊이있게(1인당 2분 내외)
3. 워크숍	● 내가 받은 배려 ● 배려란? ● 왜 배려를 해야 하나?
4. 감사 기도하기	10-10 감사 기도문으로 함께 기도하기

1. 내가 받은 배려

1) 최근에 내가 받은 배려가 있다면 어떤 것인가요?

언제, 어떤 상황에서?		
누가?		
어떤 배려를?		
그때 내 기분은?		
어떻게 반응했나?		

2. 배려란?

1) '배려'는 무엇이라고 생각하나요? 왜 그렇게 생각하나요?[1]

배려는 ( )이다.	왜?

---

1) 예:감사의 초대장 -배려를 해주면 상대방이 감사해오니까. 아름다운 부메랑 -배려를 해주면 다시 돌아오니까 등.

2) 한자 '配慮(배려)'는 무슨 뜻일까요?

| 配 (짝 배) | 다른 사람을 내 (   )같이 생각해주는 것. |
| 慮 (생각할 려) | 남이 내게 해주었으면 하는 것을
내가 (   ) 해주는 것. |

3) 배려란, 상대방의 (   )에 나의 (   )를 맞추는 것이다.

3. 왜 배려를 해야 하나?

1) 그리스도인인 우리는 왜 다른 사람에게 배려를 해야 할까요?
   각주의 성경말씀을 참조하여 그 이유를 적어봅시다.[2]

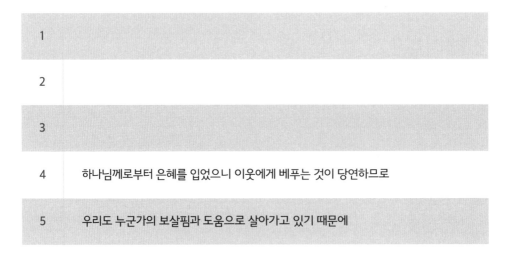

1	
2	
3	
4	하나님께로부터 은혜를 입었으니 이웃에게 베푸는 것이 당연하므로
5	우리도 누군가의 보살핌과 도움으로 살아가고 있기 때문에

---

2) ●"나는 모든 일에서 여러분에게 본을 보였습니다. 이렇게 힘써 일해서 약한 사람을 도와주는 것이 마땅합니다. 그리고 주 예수께서 친히 '주는 것이 받는 것보다 더 복이 있다' 하신 말씀을 반드시 명심해야 합니다." (사도행전 20:35, 새번역)

●"선생님, 율법 가운데 어느 계명이 중요합니까?" 예수께서 그에게 말씀하셨다. "'네 마음을 다하고, 네 목숨을 다하고, 네 뜻을 다하여, 주 너의 하나님을 사랑하여라' 하였으니, 이것이 가장 중요하고 으뜸 가는 계명이다. 둘째 계명도 이것과 같은데, '네 이웃을 네 몸과 같이 사랑하여라' 한 것이다. 이 두 계명에 온 율법과 예언서의 본 뜻이 달려 있다." (마태복음 22:36-40, 새번역)

●"그러므로 너희는 무엇이든지, 남에게 대접을 받고자 하는 대로 너희도 남을 대접하여라. 이것이 율법과 예언서의 본뜻이다." (마태복음 7:12, 새번역)

● 어떤 율법교사가 일어나서, 예수를 시험하여 말하였다. "선생님, 내가 무엇을 해야 영생을 얻겠습니까?" 예수께서 그에게 말씀하셨다. "율법에 무엇이라고 기록하였으며, 너는 그것을 어떻게 읽고 있느냐?" 그가 대답하였다. "'네 마음을 다하고 네 목숨을 다하고 네 힘을 다하고 네 뜻을 다하여, 주 너의 하나님을 사랑하여라' 하였고, 또 '네 이웃을 네 몸같이 사랑하여라' 하였습니다." 예수께서 그에게 말씀하셨다. "네 대답이 옳다. 그대로 행하여라. 그리하면 살 것이다."
그런데 그 율법교사는 자기를 옳게 보이고 싶어서 예수께 말하였다. "그러면, 내 이웃이 누구입니까?" 예수께서 대답하셨다. "어떤 사람이 예루살렘에서 여리고로 내려가다가 강도들을 만났다. 강도들이 그 옷을 벗기고 때려서, 거의 죽게 된 채로 내버려두고 갔다. 마침 어떤 제사장이 그 길로 내려가다가 그 사람을 보고 피하여 지나갔다. 이와 같이, 레위 사람도 그 곳에 이르러 그 사람을 보고, 피하여 지나갔다. 그러나 어떤 사마리아 사람은 길을 가다가, 그 사람이 있는 곳에 이르러, 그를 보고 측은한 마음이 들어서, 가까이 가서, 그 상처에 올리브 기름과 포도주를 붓고 싸맨 다음에, 자기 짐승에 태워서, 여관으로 데리고 가서 돌보아주었다. 다음 날, 그는 두 데나리온을 꺼내서, 여관 주인에게 주고, 말하기를 '이 사람을 돌보아주십시오. 비용이 더 들면, 내가 돌아오는 길에 갚겠습니다' 하였다. 너는 이 세 사람 가운데서 누가 강도 만난 사람에게 이웃이 되어 주었다고 생각하느냐?" 그가 대답하였다. "자비를 베푼 사람입니다." 예수께서 그에게 말씀하셨다. "가서, 너도 이와 같이 하여라." (누가복음 10:25-37, 새번역)

● 하나님의 계명은 이것이니, 곧 그 아들 예수 그리스도의 이름을 믿고, 그리스도께서 우리에게 명하신 대로 서로 사랑하라는 것입니다. 그리스도의 계명을 지키는 사람은 그리스도 안에 있고, 그리스도께서도 그 사람 안에 계십니다. 그리스도께서 우리 안에 계시다는 것을, 그가 우리에게 주신 성령으로 우리는 압니다. (요한1서 3:23-24, 새번역)

● 사랑하는 여러분, 서로 사랑합시다. 사랑은 하나님에게서 난 것입니다. 사랑하는 사람은 다 하나님에게서 났고, 하나님을 압니다. 사랑하지 않는 사람은 하나님을 알지 못합니다. 하나님은 사랑이시기 때문입니다. 하나님의 사랑이 우리에게 이렇게 드러났으니, 곧 하나님이 자기 외아들을 세상에 보내주셔서 우리로 하여금 그로 말미암아 살게 해주신 것입니다. 사랑은 이 사실에 있으니, 곧 우리가 하나님을 사랑한 것이 아니라, 하나님이 우리를 사랑하셔서, 자기 아들을 보내어 우리의 죄를 위하여 화목제물이 되게 하신 것입니다.
사랑하는 여러분, 하나님께서 이렇게까지 우리를 사랑하셨으니, 우리도 서로 사랑해야 합니다. 지금까지 하나님을 본 사람은 없습니다. 그러나 우리가 서로 사랑하면, 하나님이 우리 가운데 계시고, 또 하나님의 사랑이 우리 가운데서 완성된 것입니다. 하나님이 우리에게 자기 영을 나누어 주셨습니다. 이것으로 우리가 하나님 안에 있고, 또 하나님이 우리 안에 계시다는 것을 우리는 압니다. 우리는 아버지께서 아들을 세상의 구주로 보내신 것을 보았고, 또 그것을 증언합니다. 누구든지 예수를 하나님의 아들로 시인하면, 하나님이 그 사람 안에 계시고, 그 사람은 하나님 안에 있습니다. 우리는 하나님이 우리에게 베푸시는 사랑을 알았고, 또 믿었습니다. 하나님은 사랑이십니다. 사랑 안에 있는 사람은 하나님 안에 있고 하나님도 그 사람 안에 계십니다.
사랑이 우리에게서 완성되었다는 사실은 이 점에 있으니, 곧 우리로 하여금 심판 날에 담대함을 가지게 하려는 것입니다. 우리가 이렇게 담대해지는 것은, 그리스도께서 사신 대로 또한 우리도 이 세상에서 그렇게 살기 때문입니다. 사랑에는 두려움이 없습니다. 완전한 사랑은 두려움을 내쫓습니다. 두려움은 징벌과 관련이 있습니다. 두려워하는 사람은 아직 사랑을 완성하지 못한 사람입니다.
우리가 사랑하는 것은 하나님이 우리를 먼저 사랑하셨기 때문입니다. 누가 하나님을 사랑한다고 하면서, 자기 형제자매를 미워하면, 그는 거짓말쟁이입니다. 보이는 자기 형제자매를 사랑하지 않는 사람이 보이지 않는 하나님을 사랑할 수 없습니다. 하나님을 사랑하는 사람은 자기 형제자매도 사랑해야 합니다. 우리는 이 계명을 주님에게서 받았습니다. (요한1서 4:7-21, 새번역)

● 오늘 동아리 활동 한 줄 소감

● 10-10 감사일기장

하나님의 은혜, 이웃들의 돌봄과 보살핌에 대해 고마운 마음을 표현합시다.
그 중 특별히 기억하고 싶은 사연을 아래 일기장에 기록해봅시다.
하루에 10번 하나님과 이웃들에게 고마움을 표현합시다.
나아가 이웃들이 내게 고마움을 느끼도록 10번 이상 베풉시다.

● "남에게 주어라. 그리하면 하나님께서도 너희에게 주실 것이니, 되를 누르고 흔들어서, 넘치도록 후하게 되어서, 너희 품에 안겨 주실 것이다. 너희가 되질하여 주는 그 되로 너희에게 도로 되어서 주실 것이다." (누가복음 6:37-38, 새번역)

● 심판은 자비를 베풀지 않는 사람에게는 무자비합니다. 그러나 자비는 심판을 이깁니다. (야고보서 2:13, 새번역)

● 누구든지 세상 재물을 가지고 있으면서, 자기 형제자매의 궁핍함을 보고도, 마음 문을 닫고 도와주지 않으면, 어떻게 하나님의 사랑이 그 사람 속에 머물겠습니까? 자녀 된 이 여러분, 우리는 말이나 혀로 사랑하지 말고, 행동과 진실함으로 사랑합시다. (요한1서 3:17-18, 새번역)

1) 하나님 은혜	1	고마운 대상은? 언제?	하나님
	2	어떤 점이 고마웠나?	
	3	고마움을 어떻게 표현했나?	
	4	하나님은 어떻게 느끼셨을까?	
2) 고마운 일	1	고마운 사람은? 언제?	
	2	어떤 점이 고마웠나?	
	3	고마움을 어떻게 표현했나?	
	4	상대방 반응은?	
3) 고마운 일	1	고마운 사람은? 언제?	
	2	어떤 점이 고마웠나?	
	3	고마움을 어떻게 표현했나?	
	4	상대방 반응은?	

4) **내가 베푼** **배려**	1	언제, 어떤 상황에서?	
	2	누구에게?	
	3	어떤 내용(방법)으로?	
	4	상대방의 반응은?	
	5	그때 내 기분은?	
5) **내가 베푼** **배려**	1	언제, 어떤 상황에서?	
	2	누구에게?	
	3	어떤 내용으로?	
	4	상대방의 반응은?	
	5	그때 내 기분은?	

6) **내가 베푼 칭찬, 인정, 격려, 위로, 배려, 양보**	1	언제, 어떤 상황에서?	
	2	누구에게?	
	3	어떤 내용으로?	
	4	상대방의 반응은?	
	5	그때 내 기분은?	
7) **내가 받은 감사 표현**	1	언제, 누구로부터 받았나?	
	2	어떤 일로 고마워했나?	
	3	상대방이 어떻게 표현했나?	
	4	그때 내 기분은?	
	5	나는 어떻게 반응했나?	

2-2 | **제2층**
배려의 계단 오르기

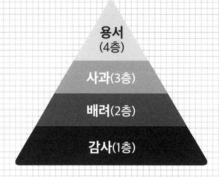

용서
(4층)

사과(3층)

배려(2층)

감사(1층)

감사동아리 모임 진행 순서

※유튜브 강의를 미리 듣고 참여하면 효과적입니다.
각 단원의 QR코드로 유튜브 '감사학교TV'에서 강의 동영상 검색

순서	내용
1. 감사 찬양	4곡의 주제가 중 선정하여 부르기
2. 감사일기 나누기	10-10 감사일기 중 1가지만 깊이있게(1인당 2분 내외)
3. 워크숍	● 배려를 막는 벽 ● 배려하는 사람들
4. 감사 기도하기	10-10 감사 기도문으로 함께 기도하기

1. 배려를 막는 벽

**1) 일상생활에서 내가 배려의 필요를 절실히 느낀 경우가 있다면
어떤 것이었나요?**

2) 전철 경로석에 한 할머니가 앉아 계셨습니다.

바로 앞에 서 있던 중년의 아주머니가 말을 건넸습니다.

"할머니, 어쩜 이렇게 곱게 늙으셨어요?"

아주머니의 칭찬에도 할머니는 뭔가 못 마땅한 듯 대꾸를 하지 않았습니다.

다음 역에서 그 아주머니가 내리자,

할머니가 짜증 섞인 어투로 옆 사람에게 말했습니다.

" _____ "

_____

할머니는 뭐라고 불평을 했을까요?

3) 자동차 앞의 글자는 왜 뒤집혀 있을까요?

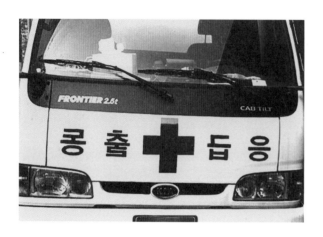

4) 무엇이 우리의 배려를 막을까요?

나 중심 의식
(이기주의)

2. 배려하는 사람들

1) 뉴스 보도나 직접 경험한 배려하는 사람들의 사례를 찾아
   이야기를 나눠봅시다.

1	
2	
3	
4	
5	

● 오늘 동아리 활동 한 줄 소감

● 10-10 감사일기장

하나님의 은혜, 이웃들의 돌봄과 보살핌에 대해 고마운 마음을 표현합시다.
그 중 특별히 기억하고 싶은 사연을 아래 일기장에 기록해봅시다.
하루에 10번 하나님과 이웃들에게 고마움을 표현합시다.
나아가 이웃들이 내게 고마움을 느끼도록 10번 이상 베풉시다.

1) **하나님** **은혜**	1	고마운 대상은? 언제?	하나님
	2	어떤 점이 고마웠나?	
	3	고마움을 어떻게 표현했나?	
	4	하나님은 어떻게 느끼셨을까?	
2) **고마운** **일**	1	고마운 사람은? 언제?	
	2	어떤 점이 고마웠나?	
	3	고마움을 어떻게 표현했나?	
	4	상대방 반응은?	
3) **고마운** **일**	1	고마운 사람은? 언제?	
	2	어떤 점이 고마웠나?	
	3	고마움을 어떻게 표현했나?	
	4	상대방 반응은?	

4) 내가 베푼 배려	1	언제, 어떤 상황에서?	
	2	누구에게?	
	3	어떤 내용(방법)으로?	
	4	상대방의 반응은?	
	5	그때 내 기분은?	
5) 내가 베푼 배려	1	언제, 어떤 상황에서?	
	2	누구에게?	
	3	어떤 내용으로?	
	4	상대방의 반응은?	
	5	그때 내 기분은?	

1C1C 감사행전

謝 行

感 態

6) 내가 베푼 청찬, 인정, 격려, 위로, 배려, 양보	1	언제, 어떤 상황에서?	
	2	누구에게?	
	3	어떤 내용으로?	
	4	상대방의 반응은?	
	5	그때 내 기분은?	
7) 내가 받은 감사 표현	1	언제, 누구로부터 받았나?	
	2	어떤 일로 고마워했나?	
	3	상대방이 어떻게 표현했나?	
	4	그때 내 기분은?	
	5	나는 어떻게 반응했나?	

2-3 | 제2층
배려의 계단 오르기

감사동아리 모임 진행 순서

※유튜브 강의를 미리 듣고 참여하면 효과적입니다.
각 단원의 QR코드로 유튜브 '감사학교TV'에서 강의 동영상 검색

순서	내용
1. 감사 찬양	4곡의 주제가 중 선정하여 부르기
2. 감사일기 나누기	10-10 감사일기 중 1가지만 깊이있게(1인당 2분 내외)
3. 워크숍	●배려를 여는 문 ●이런 게 배려
4. 감사 기도하기	10-10 감사 기도문으로 함께 기도하기

1. 배려를 여는 문

1) 무엇이 배려의 문을 열어줄까요?

배려의 문	내용
우분투(Ubuntu) 정신[1]	
역지사지(易地思之)	
대접을 하려는 마음[2]	
테이커(Taker)에서 기버(GIver)[3]	

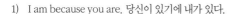

---

1) I am because you are. 당신이 있기에 내가 있다.

2) "그러므로 너희는 무엇이든지, 남에게 대접을 받고자 하는 대로 너희도 남을 대접하여라. 이것이 율법과 예언서의 본뜻이다." (마태복음 7:12, 새번역)

3) ●"'눈은 눈으로, 이는 이로 갚아라' 하고 말한 것을 너희는 들었다. 그러나 나는 너희에게 말한다. 악한 사람에게 맞서지 말아라. 누가 네 오른쪽 뺨을 치거든, 왼쪽 뺨마저 돌려 대어라. 너를 걸어 고소하여 네 속옷을 가지려는 사람에게는, 겉옷까지도 내주어라. 누가 너더러 억지로 오 리를 가자고 하거든, 십 리를 같이 가 주어라. 네게 달라는 사람에게는 주고, 네게 꾸려고 하는 사람을 물리치지 말아라.
'네 이웃을 사랑하고, 네 원수를 미워하여라' 하고 말한 것을 너희는 들었다. 그러나 나는 너희에게 말한다. 너희 원수를 사랑하고, 너희를 박해하는 사람을 위하여 기도하여라. 그래야만 너희가 하늘에 계신 너희 아버지의 자녀가 될 것이다. 아버지께서는, 악한 사람에게나 선한 사람에게나 똑같이 해를 떠오르게 하시고, 의로운 사람에게나 불의한 사람에게나 똑같이 비를 내려주신다.
너희를 사랑하는 사람만 너희가 사랑하면, 무슨 상을 받겠느냐? 세리도 그만큼은 하지 않느냐? 또 너희가 너희 형제자매들에게만 인사를 하면서 지내면, 남보다 나을 것이 무엇이냐? 이방 사람들도 그만큼은 하지 않느냐? 그러므로 하늘에 계신 너희 아버지께서 완전하신 것 같이, 너희도 완전하여라." (마태복음 5:38-48, 새번역)

●"너희는 남에게 보이려고 의로운 일을 사람들 앞에서 하지 않도록 조심하여라. 그렇지 않으면, 너희는 하늘에 계신 너희 아버지에게서 상을 받지 못한다. 그러므로 네가 자선을 베풀 때에는, 위선자들이 사람들에게 칭찬을 받으려고 회당과 거리에서 그렇게 하듯이, 네 앞에 나팔을 불지 말아라. 내가 진정으로 너희에게 말한다. 그들은 자기네 상을 이미 다 받았다. 너는 자선을 베풀 때에는, 오른손이 하는 일을 왼손이 모르게 하여, 네 자선 행위를 숨겨두어라. 그리하면, 남모르게 숨어서 보시는 네 아버지께서 너에게 갚아 주실 것이다." (마태복음 6:1-4, 새번역)

2) 3종류의 사람이 있습니다.

종류	특징
Taker(테이커)	남에게 도움을 주는 사람
Matcher(매처)	도움을 주지도 받지도 않는 사람. 베푸는 사람에게는 베풀고, 베풀지 않는 사람에게는 안 베푸는 사람.
Giver(기버)	누구에게나 베푸는 사람

3) 나와 가장 많은 영향을 주고받는 이웃들을 적어봅시다.
   그들과의 관계에서 나는 어떤 유형인지 점검해봅시다.

이웃 이름	그 사람에게 나는 어떤 유형? (O표)			왜 그렇게 생각하나?
	Taker	Matcher	Giver	

4) "당신은 사랑받기 위해 태어난 사람"의 가사를
   "당신은 사랑하기 위해 태어난 사람"으로 바꾸어서 불러봅시다.

2. 이런 게 배려

1) 어떻게 하는 것이 배려인지 구체적인 방법을 1가지 이상씩 적어봅시다.

	배려의 종류	실천해 볼 수 있는 구체적인 방법(사례)
1	폐를 안 끼치는 것	
2	주는 것	
3	마음을 보살펴 주는 것	
4	공동체 누군가를 위하는 것	
5	더불어 사는 것	
6	약자를 돕는 것	
7	남겨두는 것	
8	필요를 채워주는 것	
9	상대방 입장에서 표현하는 것	
10	경청하는 것	
11	갚는 것	
12	자연, 환경, 생명을 살리는 것	
13	자발적으로 손해를 보는 것	
14		

● 오늘 동아리 활동 한 줄 소감

● 10-10 감사일기장

하나님의 은혜, 이웃들의 돌봄과 보살핌에 대해 고마운 마음을 표현합시다.
그 중 특별히 기억하고 싶은 사연을 아래 일기장에 기록해봅시다.
하루에 10번 하나님과 이웃들에게 고마움을 표현합시다.
나아가 이웃들이 내게 고마움을 느끼도록 10번 이상 베풉시다.

1) **하나님** **은혜**	1	고마운 대상은? 언제?	하나님
	2	어떤 점이 고마웠나?	
	3	고마움을 어떻게 표현했나?	
	4	하나님은 어떻게 느끼셨을까?	

2) 고마운 일	1	고마운 사람은? 언제?	
	2	어떤 점이 고마웠나?	
	3	고마움을 어떻게 표현했나?	
	4	상대방 반응은?	
3) 고마운 일	1	고마운 사람은? 언제?	
	2	어떤 점이 고마웠나?	
	3	고마움을 어떻게 표현했나?	
	4	상대방 반응은?	
4) 내가 베푼 배려	1	언제, 어떤 상황에서?	
	2	누구에게?	
	3	어떤 내용(방법)으로?	
	4	상대방의 반응은?	
	5	그때 내 기분은?	

5) **내가 베푼** **배려**	1	언제, 어떤 상황에서?	
	2	누구에게?	
	3	어떤 내용으로?	
	4	상대방의 반응은?	
	5	그때 내 기분은?	
6) **내가 베푼** **칭찬,** **인정,** **격려,** **위로,** **배려,** **양보**	1	언제, 어떤 상황에서?	
	2	누구에게?	
	3	어떤 내용(방법)으로?	
	4	상대방의 반응은?	
	5	그때 내 기분은?	

7) **내가 받은** **감사 표현**	1	언제, 누구로부터 받았나?	
	2	어떤 일로 고마워했나?	
	3	상대방이 어떻게 표현했나?	
	4	그때 내 기분은?	
	5	나는 어떻게 반응했나?	

2-4 | 제2층
배려의 계단 오르기

감사동아리 모임 진행 순서

※유튜브 강의를 미리 듣고 참여하면 효과적입니다.

각 단원의 QR코드로 유튜브 '감사학교TV'에서 강의 동영상 검색

순서	내용
1. 감사 찬양	4곡의 주제가 중 선정하여 부르기
2. 감사일기 나누기	10-10 감사일기 중 1가지만 깊이있게(1인당 2분 내외)
3. 워크숍	●성경 속의 배려 ●나는 이런 배려를 해보겠다
4. 감사 기도하기	10-10 감사 기도문으로 함께 기도하기

1. 성경 속의 배려[1]

1) 성경 창세기 13장에는 아브람과 롯의 이야기가 나옵니다. 각주의 본문을 읽고 다음 문제를 풀어봅시다.[2]

1	아브람은 왜 롯과 헤어졌나요?	
2	헤어지기 위해 아브람이 롯에게 전한 말은?	
3	헤어지기 위해 아브람이 롯에게 제안한 방법은?	
4	롯이 동편을 택한 이유는?	
5	아브람이 롯에게 베푼 배려는?	
6	이 사건에서 배운 점은?	

---

1) 아브람은 이집트를 떠나서, 네겝으로 올라갔다. 그는 아내를 데리고서, 모든 소유를 가지고 이집트를 떠났다. 조카 롯도 그와 함께 갔다. 아브람은 집짐승과 은과 금이 많은 큰 부자가 되었다. 그는 네겝에서는 얼마 살지 않고 그 곳을 떠나, 이곳 저곳으로 떠돌아 다니다가, 베델 부근에 이르렀다. 그 곳은 베델과 아이 사이에 있는, 예전에 장막을 치고 살던 곳이다. 그 곳은 그가 처음으로 제단을 쌓은 곳이다. 거기에서 아브람은 주님의 이름을 부르며, 예배를 드렸다.
아브람과 함께 다니는 롯에게도, 양 떼와 소 떼와 장막이 따로 있었다. 그러나 그 땅은 그들이 함께 머물기에는 좁았다. 그들은 재산이 너무 많아서, 그 땅에서 함께 머물 수가 없었다. 아브람의 집짐승을 치는 목자들과 롯의 집짐승을 치는 목자들 사이에, 다툼이 일어나곤 하였다. 그 때에 그 땅에는, 가나안 사람들과 브리스 사람들도 살고 있었다.
아브람이 롯에게 말하였다. "너와 나 사이에, 그리고 너의 목자들과 나의 목자들 사이에, 어떠한 다툼도 있어서는 안 된다. 우리는 한 핏줄이 아니냐! 네가 보는 앞에 땅이 얼마든지 있으니, 따로 떨어져 살자. 네가 왼쪽으로 가면 나는 오른쪽으로 가고, 네가 오른쪽으로 가면 나는 왼쪽으로 가겠다." 롯이 멀리 바라보니, 요단 온 들판이, 소알에 이르기까지, 물이 넉넉한 것이 마치 주님의 동산과도 같고, 이집트 땅과도 같았다. 아직 주님께서 소돔과 고모라를 멸망시키시기 전이었다. 롯은 요단의 온 들판을 가지기로 하고, 동쪽으로 떠났다. 이렇게 해서 두 사람은 따로 떨어져서 살게 되었다. (창세기 13:1-11, 새번역)

2) '배려', 조주희, 한국장로교출판사, 2017. 9.20.

2. 나는 이런 배려를 해보겠다.

1) 배려 실천 사항 10가지

"하루 10번 감사하고, **하루 10번 상대방이 고마움을 느끼게 하기"**
1   누구에게나 밝게 인사합시다!
2   친절하게 긍정적으로 말합시다!
3   반가움, 감사, 축하, 인정, 칭찬, 격려, 공감, 위로, 사과, 용서 -아낌 없이 표현합시다!
4   받는 사람(Taker)에서 주는 사람(Giver)이 됩시다!
5   언제 어디서나 선한 사마리아인이 됩시다!
6   내가 머문 자리는 내가 책임집시다!
7   출입문 손잡이는 다음 사람에게 건네줍시다!
8   남을 배려하며 운전하고 주차합시다!
9   플라스틱 제품 사용은 Zero! 재활용품은 정확하게 배출합시다!
10   혼자만 말하지 말고 상대방의 말을 경청합시다!

감사

"고맙습니다!" / "감사합니다!"
"천만에요!" / "별말씀을요!"
"저도 고맙습니다!"
"짱입니다!"

배려

"뭘 도와드릴까요?"
"제가 도와드릴게요!"
"먼저 하십시오!" / "잘했습니다!"
"힘내세요!" / "잘될 겁니다!"
"염려하지 마세요!"

용서

"괜찮습니다!"
"뭘 그런 걸 가지고 그러세요!"
"그럴 수도 있지요!" / "저는 이미 다 잊었어요!"
"다 잊어버리세요!"

사과

"미안합니다!"
"제 잘못입니다!"
"용서해 주세요"
"어떻게 보상을 해 드려야 할까요?"

2) 남에게 배려할 기회는 도처에 있습니다. 앞의 사례를 참고하여,
   나의 삶 속에서 해보고 싶은 배려 방법을 찾아보고 실천해봅시다.

	상황	내가 실천하고 싶은 배려들
1	가정에서	
2	직장에서	
3	거리에서	
4	버스, 지하철에서	
5	공공장소에서 (식당, 상가 등)	
6	도로, 주차장에서	
7	사회생활에서	
8	교회 생활에서	
9	직장(일터)에서	
10	그밖에	

●오늘 동아리 활동 한 줄 소감

●10-10 감사일기장

하나님의 은혜, 이웃들의 돌봄과 보살핌에 대해 고마운 마음을 표현합시다.
그 중 특별히 기억하고 싶은 사연을 아래 일기장에 기록해봅시다.
하루에 10번 하나님과 이웃들에게 고마움을 표현합시다.
나아가 이웃들이 내게 고마움을 느끼도록 10번 이상 베풉시다.

1) 하나님 은혜	1	고마운 대상은? 언제?	하나님
	2	어떤 점이 고마웠나?	
	3	고마움을 어떻게 표현했나?	
	4	하나님은 어떻게 느끼셨을까?	
2) 고마운 일	1	고마운 사람은? 언제?	
	2	어떤 점이 고마웠나?	
	3	고마움을 어떻게 표현했나?	
	4	상대방 반응은?	

3) 고마운 일	1	고마운 사람은? 언제?	
	2	어떤 점이 고마웠나?	
	3	고마움을 어떻게 표현했나?	
	4	상대방 반응은?	
4) 내가 베푼 배려	1	언제, 어떤 상황에서?	
	2	누구에게?	
	3	어떤 내용(방법)으로?	
	4	상대방의 반응은?	
	5	그때 내 기분은?	
5) 내가 베푼 배려	1	언제, 어떤 상황에서?	
	2	누구에게?	
	3	어떤 내용으로?	
	4	상대방의 반응은?	
	5	그때 내 기분은?	

6) 내가 베푼 칭찬, 인정, 격려, 위로, 배려, 양보	1	언제, 어떤 상황에서?	
	2	누구에게?	
	3	어떤 내용(방법)으로?	
	4	상대방의 반응은?	
	5	그때 내 기분은?	
7) 내가 받은 감사 표현	1	언제, 누구로부터 받았나?	
	2	어떤 일로 고마워했나?	
	3	상대방이 어떻게 표현했나?	
	4	그때 내 기분은?	
	5	나는 어떻게 반응했나?	

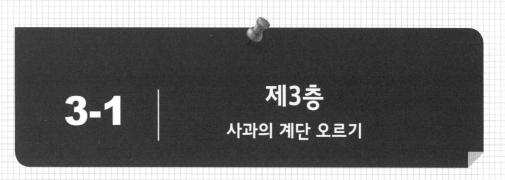

3-1 | 제3층
사과의 계단 오르기

감사동아리 모임 진행 순서

※유튜브 강의를 미리 듣고 참여하면 효과적입니다.

각 단원의 QR코드로 유튜브 '감사학교TV'에서 강의 동영상 검색

순서	내용
1. 감사 찬양	4곡의 주제가 중 선정하여 부르기
2. 감사일기 나누기	10-10 감사일기 중 1가지만 깊이있게(1인당 2분 내외)
3. 워크숍	● 사과란? ● 이런 사과, 저런 사과 ● 왜 사과를 해야 하나?
4. 감사 기도하기	10-10 감사 기도문으로 함께 기도하기

1. 사과란?

1) 다음 단어로 2행시를 지어봅시다.

화

해

사

과

용

서

2) 사과는?

'사과'의 사전적 의미는?	잘못을 ( ) 하고 용서를 구하는 일

3) 사과와 용서를 말한다.

(1) '사과'란 무엇이라고 생각하나요? [1]

사과는 ( ) 이다.	왜?

(2) '용서'란 무엇이라고 생각하나요? [2]

용서는 ( ) 이다.	왜?

2. 이런 사과, 저런 사과

1) 내 마음을 움직였던 사과는?

2) 내가 받아들이기 어려웠던 사과는? 왜?

---

[1] 용서의 청구서, 가장 큰 배려 등

[2] 용서는 잘못을 덮어주는 보자기, 사과를 받아들이는 스펀지 등

3) 내가 상대방을 감동시킨 사과는? 어떤 내용, 방법?

4) 똑같은 전범(戰犯) 국가이지만 독일과 일본의 사과 태도에는 큰 차이가 있습니다. 두 나라의 사과에서 가장 중요한 차이는 무엇이라고 생각하십니까?

3. 왜 사과를 해야 하나?

1) 그리스도인인 우리는 왜 다른 사람에게 사과를 해야 할까요?[3]

상대방에게 ( ), ( ) 을 남겼으니까	하나님과 ( ) 를 회복하기 위하여
상대방에게 ( ), ( ) 를 입혔으니까	같은 ( ) 를 예방하기 위해서
( ) 를 회복하기 위해서	
새로운 ( ) 를 위하여	

---

3) "그러므로 네가 제단에 제물을 드리려고 하다가, 네 형제나 자매가 네게 어떤 원한을 품고 있다는 생각이 나거든, 너는 그 제물을 제단 앞에 놓아두고, 먼저 가서 네 형제나 자매와 화해하여라. 그런 다음에 돌아와서 제물을 드려라. 너를 고소하는 사람과 함께 법정으로 갈 때에는, 도중에 얼른 그와 화해하도록 하여라. 그렇지 않으면, 고소하는 사람이 너를 재판관에게 넘겨주고, 재판관은 형무소 관리에게 넘겨주어서, 그가 너를 감옥에 집어넣을 것이다. 내가 진정으로 너희에게 말한다. 너희가 마지막 한 푼까지 다 갚기 전에는, 거기에서 나오지 못할 것이다. (마태복음 5:23-26, 새번역)

● 그러므로 너는 하나님과 화해하고, 하나님을 원수로 여기지 말아라. 그러면 하나님이 너에게 은총을 베푸실 것이다. (욥기 22:21, 새번역)

● 그러므로 여러분은 서로 죄를 고백하고, 서로를 위하여 기도하십시오. 그러면 여러분은 낫게 될 것입니다. 의인이 간절히 비는 기도는 큰 효력을 냅니다. (야고보서 5:16, 새번역)

2) 사과를 하는 사람에게는 어떤 유익이 올까요?[4]

3) 사과를 받는 사람에게는 어떤 유익함이 올까요?[5]

●오늘 동아리 활동 한 줄 소감

---

4) (   )과 자기 비난으로부터 해방된다. 새로운 미래를 만들 수 있다. 자만과 오만을 극복하게 된다. 상처를 준 사람과 다시 관계를 회복할 수 있다. 같은 행동을 반복하지 않도록 기억하게 된다.

5) 정서적인 (   )를 경험한다. 가해자에게 더 이상 위협으로 느끼지 않게 된다. 과거의 분노를 제거해 더 이상 과거에 얽매이지 않게 해준다. 용서로 반응할 수 있는 기회를 준다.

● 10-10 감사일기장

하나님의 은혜, 이웃들의 돌봄과 보살핌에 대해 고마운 마음을 표현합시다.
하루에 10번 하나님과 이웃들에게 고마움을 표현합시다.
나아가 이웃들이 내게 고마움을 느끼도록 10번 이상 베풉시다.
나의 잘못을 사과하고, 다른 사람의 잘못을 관용합시다.
그 중 특별히 기억하고 싶은 사연을 아래 일기장에 기록해봅시다.

1) 하나님 은혜	1	고마운 대상은? 언제?	하나님
	2	어떤 점이 고마웠나?	
	3	고마움을 어떻게 표현했나?	
	4	하나님은 어떻게 느끼셨을까?	
2) 고마운 일	1	고마운 사람은? 언제?	
	2	어떤 점이 고마웠나?	
	3	고마움을 어떻게 표현했나?	
	4	상대방 반응은?	

1C1C 감사행전

感 謝 行 傳

3) 내가 베푼 칭찬, 인정, 격려, 위로, 배려, 양보	1	언제, 어떤 상황에서?	
	2	누구에게?	
	3	어떤 내용(방법)으로?	
	4	상대방의 반응은?	
	5	그때 내 기분은?	
4) 내가 베푼 칭찬, 인정, 격려, 위로, 배려, 양보	1	언제, 어떤 상황에서?	
	2	누구에게?	
	3	어떤 내용(방법)으로?	
	4	상대방의 반응은?	
	5	그때 내 기분은?	

5) **내가 받은 감사 표현**	1	언제, 누구로부터 받았나?	
	2	어떤 일로 고마워했나?	
	3	상대방이 어떻게 표현했나?	
	4	그때 내 기분은?	
	5	나는 어떻게 반응했나?	
6) **내가 잘못을 사과한 일**	1	언제, 어떤 상황에서?	
	2	누구에게?	
	3	어떤 내용 (방법)으로?	
	4	상대방의 반응은?	
	5	그때 내 기분은?	

7) 다른 사람의 잘못을 관용한 일	1	언제, 어떤 상황에서	
	2	누구에게?	
	3	어떤 내용(방법)으로?	
	4	상대방의 반응은?	
	5	그때 내 기분은?	

3-2 | 제3층
사과의 계단 오르기

감사동아리 모임 진행 순서

※유튜브 강의를 미리 듣고 참여하면 효과적입니다.

각 단원의 QR코드로 유튜브 '감사학교TV'에서 강의 동영상 검색

순서	내용
1. 감사 찬양	4곡의 주제가 중 선정하여 부르기
2. 감사일기 나누기	10-10 감사일기 중 1가지만 깊이있게(1인당 2분 내외)
3. 워크숍	●사과를 막는 벽 ●사과를 여는 문
4. 감사 기도하기	10-10 감사 기도문으로 함께 기도하기

1. 사과를 막는 벽

1) 다른 사람에게 잘못을 할 경우, 나는 사과를 하나요?

(1) 안 한다.

(2) 좀처럼 안 하는 편이다.

(3) 마지 못해 한다.

(4) 잘못한 경우 적극 사과한다.

2) 사과를 제대로 하지 않은 결과,
관계가 악화돼 어려움을 겪은 경험은 없나요?

3) 최근 1년 사과의 주된 사과 대상은 누구였나요?

4) 나는 사과를 할 때에

(1) 당사자에게 직접 한다.

(2) 가급적 즉시 한다.

(3) 같은 잘못으로 같은 내용의 사과를 하는 경우가 있다.

(4) 상대방이 만족할 만한 수준으로 한다.

5) 사과를 해야 할 때 왜 주저하게 되나요?[1]

( ) 이 깎일 것 같아서	먼저 사과했다가 ( ) 당할까봐
어색해서	
내 ( ) 임을 인정하게 돼서	
미루기	

2. 사과를 여는 문

1) 무엇이 나로 하여금 내 잘못을 사과하게 할까요?

하나님 말씀 앞에서 내 모습 성찰하기[2]	

---

1) ●그러므로 여러분은 거짓을 버리고, 각각 자기 이웃과 더불어 참된 말을 하십시오. 우리는 서로 한 몸의 지체들입니다. 화를 내더라도, 죄를 짓는 데까지 이르지 않도록 하십시오. 해가 지도록 노여움을 품고 있지 마십시오. 악마에게 틈을 주지 마십시오. (에베소서 4:25-27, 새번역)
●그러므로 여러분은 서로 죄를 고백하고, 서로를 위하여 기도하십시오. 그러면 여러분은 낫게 될 것입니다. 의인이 간절히 비는 기도는 큰 효력을 냅니다. (야고보서 5:16, 새번역)

2) "너희가 심판을 받지 않으려거든, 남을 심판하지 말아라. 너희가 남을 심판하는 그 심판으로 하나님께서 너희를 심판하실 것이요, 너희가 되질하여 주는 그 되로 너희에게 되어서 주실 것이다. 어찌하여 너는 남의 눈 속에 있는 티는 보면서, 네 눈 속에 있는 들보는 깨닫지 못하느냐? 네 눈 속에는 들보가 있는데, 어떻게 남에게 말하기를 '네 눈에서 티를 빼내 줄테니 가만히 있거라' 할 수 있겠느냐? 위선자야, 먼저 네 눈에서 들보를 빼내어라. 그래야 네 눈이 잘 보여서, 남의 눈 속에 있는 티를 빼 줄 수 있을 것이다." (마태복음 7:1-5, 새번역)

● 오늘 동아리 활동 한 줄 소감

● 10-10 감사일기장

하나님의 은혜, 이웃들의 돌봄과 보살핌에 대해 고마운 마음을 표현합시다.

하루에 10번 하나님과 이웃들에게 고마움을 표현합시다.

나아가 이웃들이 내게 고마움을 느끼도록 10번 이상 베풉시다.

나의 잘못을 사과하고, 다른 사람의 잘못을 관용합시다.

그 중 특별히 기억하고 싶은 사연을 아래 일기장에 기록해봅시다.

1) 하나님 은혜	1	고마운 대상은? 언제?	하나님
	2	어떤 점이 고마웠나?	
	3	고마움을 어떻게 표현했나?	
	4	하나님은 어떻게 느끼셨을까?	

2) 고마운 일	1	고마운 사람은? 언제?	
	2	어떤 점이 고마웠나?	
	3	고마움을 어떻게 표현했나?	
	4	상대방 반응은?	
3) 내가 베푼 칭찬, 인정, 격려, 위로, 배려, 양보	1	언제, 어떤 상황에서?	
	2	누구에게?	
	3	어떤 내용(방법)으로?	
	4	상대방의 반응은?	
	5	그때 내 기분은?	

4) 내가 베푼 칭찬, 인정, 격려, 위로, 배려, 양보	1	언제, 어떤 상황에서?	
	2	누구에게?	
	3	어떤 내용(방법)으로?	
	4	상대방의 반응은?	
	5	그때 내 기분은?	
5) 내가 받은 감사표현	1	언제, 어떤 상황에서?	
	2	누구에게?	
	3	어떤 내용(방법)으로?	
	4	상대방의 반응은?	
	5	그때 내 기분은?	

6) **내가** **잘못을** **사과한 일**	1	언제, 어떤 상황에서?	
	2	누구에게?	
	3	어떤 내용(방법)으로?	
	4	상대방의 반응은?	
	5	그때 내 기분은?	
7) **다른** **사람의** **잘못을** **관용한 일**	1	언제, 어떤 상황에서	
	2	누구에게?	
	3	어떤 내용(방법)으로?	
	4	상대방의 반응은?	
	5	그때 내 기분은?	

3-3 | 제3층
사과의 계단 오르기

용서
(4층)

사과(3층)

배려(2층)

감사(1층)

감사동아리 모임 진행 순서

※유튜브 강의를 미리 듣고 참여하면 효과적입니다.
각 단원의 QR코드로 유튜브 '감사학교TV'에서 강의 동영상 검색

순서	내용
1. 감사 찬양	4곡의 주제가 중 선정하여 부르기
2. 감사일기 나누기	10-10 감사일기 중 1가지만 깊이있게(1인당 2분 내외)
3. 워크숍	● 사과의 방법과 연습
4. 감사 기도하기	10-10 감사 기도문으로 함께 기도하기

1. 사과의 방법과 연습

1) 잘못된 사과 방법에는 어떤 것들이 있을까요?

1	(	) 이 빠진 사과
2	(	) 법 사과
3	(	) 이 빠진 사과
4	(	) 보상이 빠진 사과
5	쓰리 쿠션 사과	
6	단서가 붙은 사과	
7		

2) 사과하는 순서[1]

5단계	용서 요청
4단계	뉘우침
3단계	보상
2단계	( )
1단계	감정 표현

---

1) 체리 해프먼 '5단계 사과'. 1단계부터 모두 거쳐서 적정 단계까지 차례대로 표현해야 한다.

3) 사과를 잘하는 6가지 방법

1	적시에
2	( )
3	구체적으로
4	( )
5	진정성 있게
6	( )

4) 다음과 같은 상황에서는 어떻게 사과를 하는 것이 적절할까요?

상황	사과 방법
아이가 길에서 공놀이를 하다가, 상점에 진열해놓은 과일들이 무너져 상했다.	
아무도 없는 줄 알고 친구와 다른 친구의 흉을 봤는데, 바로 옆 회의실에서 그 친구가 이야기를 다 듣고 말았다. 근거 없이 비난하는 이야기도 포함되어 있었다.	
운전 중 갈림길 직전에 불가피하게 끼어들기를 했다. 갑작스러운 일이라 뒷차 운전자가 놀라 전조등을 켜고, 클랙슨을 눌러댔다.	

● 오늘 동아리 활동 한 줄 소감

● 10-10 감사일기장

하나님의 은혜, 이웃들의 돌봄과 보살핌에 대해 고마운 마음을 표현합시다.
하루에 10번 하나님과 이웃들에게 고마움을 표현합시다.
나아가 이웃들이 내게 고마움을 느끼도록 10번 이상 베풉시다.
나의 잘못을 사과하고, 다른 사람의 잘못을 관용합시다.
그 중 특별히 기억하고 싶은 사연을 아래 일기장에 기록해봅시다.

1) **하나님** **은혜**	1	고마운 대상은? 언제?	하나님
	2	어떤 점이 고마웠나?	
	3	고마움을 어떻게 표현했나?	
	4	하나님은 어떻게 느끼셨을까?	

2) 고마운 일	1	고마운 사람은? 언제?	
	2	어떤 점이 고마웠나?	
	3	고마움을 어떻게 표현했나?	
	4	상대방 반응은?	
3) 내가 베푼 칭찬, 인정, 격려, 위로, 배려, 양보	1	언제, 어떤 상황에서?	
	2	누구에게?	
	3	어떤 내용(방법)으로?	
	4	상대방의 반응은?	
	5	그때 내 기분은?	

4) 내가 베푼 칭찬, 인정, 격려, 위로, 배려, 양보	1	언제, 어떤 상황에서?	
	2	누구에게?	
	3	어떤 내용(방법)으로?	
	4	상대방의 반응은?	
	5	그때 내 기분은?	
5) 내가 받은 감사표현	1	언제, 어떤 상황에서?	
	2	누구에게?	
	3	어떤 내용(방법)으로?	
	4	상대방의 반응은?	
	5	그때 내 기분은?	

III

6) **내가** **잘못을** **사과한 일**	1	언제, 어떤 상황에서?
	2	누구에게?
	3	어떤 내용(방법)으로?
	4	상대방의 반응은?
	5	그때 내 기분은?
7) **다른** **사람의** **잘못을** **관용한 일**	1	언제, 어떤 상황에서
	2	누구에게?
	3	어떤 내용(방법)으로?
	4	상대방의 반응은?
	5	그때 내 기분은?

4-1 | 제4층
용서의 계단 오르기

감사동아리 모임 진행 순서

※유튜브 강의를 미리 듣고 참여하면 효과적입니다.
각 단원의 QR코드로 유튜브 '감사학교TV'에서 강의 동영상 검색

순서	내용
1. 감사 찬양	4곡의 주제가 중 선정하여 부르기
2. 감사일기 나누기	10-10 감사일기 중 1가지만 깊이있게(1인당 2분 내외)
3. 워크숍	●용서란? ●용서의 사람들
4. 감사 기도하기	10-10 감사 기도문으로 함께 기도하기

1. 용서란?

1) '용서'는 지은 죄나 잘못한 일에 대하여 꾸짖거나 벌하지 않고 (   ) 것이다.[1]

2) '용서'는 무엇이라고 생각하세요?

용서는 ( ) 이다.	왜?

3) '용서'는 유통 기간이 지난 (   )처럼 깨끗이 잊어버리는 것.

4) '용서'

용서	뜻?
容-얼굴 용, 받아들일 용 恕-같을 如 + 마음 心	너와 우리 모두가 하나님의 같은 자녀임을 받아들이는 것

---

1) 덮어주는

2. 용서의 사람들

1) 요셉은 형제들을 용서합니다.

본문(창세기 45:1-8, 50:15-21)을 읽고 다음 사항에 관해 이야기해봅시다.

(1) 요셉은 형제들의 잘못을 어떻게 용서했나요?[2]

(2) 형제들은 어떻게 반응했나요?[3]

(3) 내가 등장 인물 중 한 사람이라면 어떻게 반응했을까요?

---

2) 요셉은 북받치는 감정을 억누르지 못하고, 자기의 모든 시종들 앞에서 그만 모두들 물러가라고 소리쳤다. 주위 사람들을 물러나게 하고, 요셉은 드디어 자기가 누구인지를 형제들에게 밝히고 나서, 한참 동안 울었다. 그 울음소리가 어찌나 큰던지 밖으로 물러난 이집트 사람들에게도 들리고, 바로의 궁에도 들렸다. "내가 요셉입니다! 아버지께서 아직 살아 계시다고요?" 요셉이 형제들에게 이렇게 말하였으나, 놀란 형제들은 어리둥절하여, 요셉 앞에서 입이 얼어붙고 말았다.
"이리 가까이 오십시오" 하고 요셉이 형제들에게 말하니, 그제야 그들이 요셉 앞으로 다가왔다. "내가, 형님들이 이집트로 팔아넘긴 그 아우입니다. 그러나 이제는 걱정하지 마십시오. 자책하지도 마십시오. 형님들이 나를 이 곳에 팔아넘기긴 하였습니다만, 그것은 하나님이, 형님들보다 앞서서 나를 여기에 보내셔서, 우리의 목숨을 살려 주시려고 그렇게 하신 것입니다.
이 땅에 흉년이 든 지 이태가 됩니다. 앞으로도 다섯 해 동안은 밭을 갈지도 못하고 거두지도 못합니다. 하나님이 나를 형님들보다 앞서서 보내신 것은, 하나님이 크나큰 구원을 베푸셔서 형님들의 목숨을 지켜 주시려는 것이고, 또 형님들의 자손을 이 세상에 살아남게 하시려는 것입니다. 그러므로 실제로 나를 이리로 보낸 것은 형님들이 아니라 하나님이십니다. 하나님이 나를 이리로 보내셔서, 바로의 아버지가 되게 하시고, 바로의 온 집안의 최고의 어른이 되게 하시고, 이집트 온 땅의 통치자로 세우신 것입니다." (창세기 45:1-8, 새번역)

3) 요셉의 형제들은 아버지를 여의고 나서, 요셉이 자기들을 미워하여, 그들에게서 당한 온갖 억울함을 앙갚음하면 어찌하나 하는 생각이 들어서, 요셉에게 전갈을 보냈다. "아버지께서 돌아가시기 전에 남기신 유언이 있습니다. 아우님에게 전하라고 하시면서 '너의 형들이 너에게 몹쓸 일을 저질렀지만, 이제 이 아버지는 네가 형들의 허물과 죄를 용서하여 주기를 바란다' 하셨습니다. 그러니 아우님은, 우리 아버지께서 섬기신 그 하나님의 종들인 우리가 지은 죄를 용서하여 주시기 바랍니다." 요셉은 이 말을 전해 듣고서 울었다.
곧 이어서 요셉의 형들이 직접 와서, 요셉 앞에 엎드려서 말하였다. "우리는 아우님의 종입니다." 요셉이 그들에게 말하였다. "두려워하지 마십시오. 내가 하나님을 대신하기라도 하겠습니까? 형님들은 나를 해치려고 하였지만, 하나님은 오히려 그것을 선하게 바꾸셔서, 오늘과 같이 수많은 사람의 생명을 구원하셨습니다. 그러니 형님들은 두려워하지 마십시오. 내가 형님들을 모시고, 형님들의 자식들을 돌보겠습니다." 이렇게 요셉은 그들을 간곡한 말로 위로하였다. (창세기 50:15-21, 새번역)

2) 다음은 역사적으로 훌륭한 용서의 인물들입니다.
   이들의 용서에 대해 알아봅시다.

이름	어떤 피해를 입었고, 어떤 사람을 어떻게 용서했는가?
손양원	
김대중	
만델라	
코리텐 붐	

3) 다음은 최근 우리 사회에서 주목을 끈 용서의 인물들입니다.
   이들의 용서에 대해 알아봅시다.

이름	어떤 피해를 입었고, 어떤 사람을 어떻게 용서했는가?
윤성여	
박대성(화백)	

● 오늘 동아리 활동 한 줄 소감

●10-10 감사일기장

하나님의 은혜, 이웃들의 돌봄과 보살핌에 대해 고마운 마음을 표현합시다.
하루에 10번 하나님과 이웃들에게 고마움을 표현합시다.
나아가 이웃들이 내게 고마움을 느끼도록 10번 이상 베풉시다.
나의 잘못을 사과하고, 다른 사람의 잘못을 관용합시다.
그 중 특별히 기억하고 싶은 사연을 아래 일기장에 기록해봅시다.

1) 하나님 은혜	1	고마운 대상은? 언제?	하나님
	2	어떤 점이 고마웠나?	
	3	고마움을 어떻게 표현했나?	
	4	하나님은 어떻게 느끼셨을까?	
2) 고마운 일	1	고마운 사람은? 언제?	
	2	어떤 점이 고마웠나?	
	3	고마움을 어떻게 표현했나?	
	4	상대방 반응은?	

3) 내가 베푼 칭찬, 인정, 격려, 위로, 배려, 양보	1	언제, 어떤 상황에서?	
	2	누구에게?	
	3	어떤 내용(방법)으로?	
	4	상대방의 반응은?	
	5	그때 내 기분은?	
4) 내가 베푼 칭찬, 인정, 격려, 위로, 배려, 양보	1	언제, 어떤 상황에서?	
	2	누구에게?	
	3	어떤 내용(방법)으로?	
	4	상대방의 반응은?	
	5	그때 내 기분은?	

5) 내가 받은 감사 표현	1	언제, 누구로부터 받았나?	
	2	어떤 일로 고마워했나?	
	3	상대방이 어떻게 표현했나?	
	4	그때 내 기분은?	
	5	나는 어떻게 반응했나?	
6) 내가 잘못을 사과한 일	1	언제, 어떤 상황에서?	
	2	누구에게?	
	3	어떤 내용(방법)으로?	
	4	상대방의 반응은?	
	5	그때 내 기분은?	

7) 다른 사람의 잘못을 관용한 일	1	언제, 어떤 상황에서	
	2	누구에게?	
	3	어떤 내용(방법)으로?	
	4	상대방의 반응은?	
	5	그때 내 기분은?	

4-2 | 제4층
용서의 계단 오르기

감사동아리 모임 진행 순서

※유튜브 강의를 미리 듣고 참여하면 효과적입니다.

각 단원의 QR코드로 유튜브 '감사학교TV'에서 강의 동영상 검색

순서	내용
1. 감사 찬양	4곡의 주제가 중 선정하여 부르기
2. 감사일기 나누기	10-10 감사일기 중 1가지만 깊이있게(1인당 2분 내외)
3. 워크숍	●왜 용서를 해야 하나?
4. 감사 기도하기	10-10 감사 기도문으로 함께 기도하기

1. 왜 용서를 해야 하나?

1) 그리스도인인 우리가 우리에게 잘못한 사람을 용서해야 하는 이유를 생각해 적어봅시다.[1]

1) ● 그 때에 예수께서 말씀하셨다. "아버지, 저 사람들을 용서하여 주십시오. 저 사람들은 자기네가 무슨 일을 하는 지를 알지 못합니다." 그들은 제비를 뽑아서, 예수의 옷을 나누어 가졌다. (누가복음 23:34, 새번역)

● 우리가 우리에게 죄 지은 사람을 용서하여 준 것 같이 우리의 죄를 용서하여 주시고 (마태복음 6:12, 새 번역)
● 우리가 우리에게 잘못한 사람을 용서하여 준 것 같이 우리 죄를 용서하여 주시고 (새 주기도문)

● 너희가 남의 잘못을 용서해 주면, 너희 하늘 아버지께서도 너희를 용서해 주실 것이다. 그러나 너희가 남을 용서 해 주지 않으면, 너희 아버지께서도 너희의 잘못을 용서해 주지 않으실 것이다. (마태복음 6:14-15, 새번역)

● 우리가 사랑하는 것은 하나님이 우리를 먼저 사랑하셨기 때문입니다. 누가 하나님을 사랑한다고 하면서, 자 기 형제자매를 미워하면, 그는 거짓말쟁이입니다. 보이는 자기 형제자매를 사랑하지 않는 사람이 보이지 않는 하 나님을 사랑할 수 없습니다. 하나님을 사랑하는 사람은 자기 형제자매도 사랑해야 합니다. 우리는 이 계명을 주님 에게서 받았습니다. (요한1서 4:19-21, 새번역)

● 그러므로, 하늘 나라는 마치 자기 종들과 셈을 가리려고 하는 어떤 왕과 같다. 왕이 셈을 가리기 시작하니, 만 달 란트 빚진 종 하나가 왕 앞에 끌려왔다. 그런데 그는 빚을 갚을 돈이 없으므로, 주인은 그 종에게, 자신과 그 아내와 자녀들과 그 밖에 그가 가진 것을 모두 팔아서 갚으라고 명령하였다. 그랬더니 종이 그 앞에 무릎을 꿇고, '참아 주 십시오. 다 갚겠습니다' 하고 애원하였다. 주인은 그 종을 가엾게 여겨서, 그를 놓아주고, 빚을 없애 주었다. 그러나 그 종은 나가서, 자기에게 백 데나리온 빚진 동료 하나를 만나자, 붙들어서 멱살을 잡고 말하기를 '내게 빚진 것을 갚아라' 하였다. 그 동료는 엎드려 간청하였다. '참아 주게. 내가 갚겠네.' 그러나 그는 들어주려 하지 않고, 가서 그 동료를 감옥에 집어넣고, 빚진 돈을 갚을 때까지 갇혀 있게 하였다.
다른 종들이 이 광경을 보고, 매우 딱하게 여겨서, 가서 주인에게 그 일을 다 일렀다. 그러자 주인이 그 종을 불러다 놓고 말하였다. '이 악한 종아, 네가 애원하기에, 나는 너에게 그 빚을 다 없애 주었다. 내가 너를 불쌍히 여긴 것처 럼, 너도 네 동료를 불쌍히 여겼어야 할 것이 아니냐?' 주인이 노하여, 그를 형무소 관리에게 넘겨주고, 빚진 것을 다 갚을 때까지 가두어 두게 하였다.
너희가 각각 진심으로 자기 형제자매를 용서해 주지 않으면, 나의 하늘 아버지께서도 너희에게 그와 같이 하실 것 이다. (마태복음 18:23-35, 새번역)

● "'눈은 눈으로, 이는 이로 갚아라' 하고 말한 것을 너희는 들었다. 그러나 나는 너희에게 말한다. 악한 사람에게 맞 서지 말아라. 누가 네 오른쪽 뺨을 치거든, 왼쪽 뺨마저 돌려 대어라. 너를 걸어 고소하여 네 속옷을 가지려는 사람 에게는, 겉옷까지도 내주어라. 누가 너더러 억지로 오 리를 가자고 하거든, 십 리를 같이 가주어라. 네게 달라는 사 람에게는 주고, 네게 꾸려고 하는 사람을 물리치지 말아라."
"'네 이웃을 사랑하고, 네 원수를 미워하여라' 하고 말한 것을 너희는 들었다. 그러나 나는 너희에게 말한다. 너희 원 수를 사랑하고, 너희를 박해하는 사람을 위하여 기도하여라. 그래야만 너희가 하늘에 계신 너희 아버지의 자녀가 될 것이다. 아버지께서는, 악한 사람에게나 선한 사람에게나 똑같이 해를 떠오르게 하시고, 의로운 사람에게나 불 의한 사람에게나 똑같이 비를 내려주신다. 너희를 사랑하는 사람만 너희가 사랑하면, 무슨 상을 받겠느냐? 세리도 그만큼은 하지 않느냐? 또 너희가 너희 형제자매들에게만 인사를 하면서 지내면, 남보다 나을 것이 무엇이냐? 이 방 사람들도 그만큼은 하지 않느냐? 그러므로 하늘에 계신 너희 아버지께서 완전하신 것 같이, 너희도 완전하여라." (마태복음 5:38~48, 새번역)

1	예수님도 용서하셨기 때문에.
2	
3	
4	
5	
6	

2) 용서를 권하는 성경말씀[2]

---

2) ●"너희는 스스로 조심하여라. 믿음의 형제가 죄를 짓거든 꾸짖고, 회개하거든 용서하여 주어라. 그가 네게 하루에 일곱 번 죄를 짓고, 일곱 번 네게 돌아와서 '회개하오' 하면, 너는 용서해 주어야 한다." (누가복음 17:3-4, 새번역)

●"너희가 서서 기도할 때에, 어떤 사람과 서로 등진 일이 있으면, 용서하여라. 그래야, 하늘에 계신 너희 아버지께서도 너희의 잘못을 용서해 주실 것이다." (마가복음 11:25, 새번역)

●누가 누구에게 불평할 일이 있더라도, 서로 용납하여 주고, 서로 용서하여 주십시오. 주님께서 여러분을 용서하신 것과 같이, 여러분도 서로 용서하십시오. (골로새서 3:13, 새번역)

●남을 심판하지 말아라. 그리하면 하나님께서도 너희를 심판하지 않으실 것이다. 남을 정죄하지 말아라. 그리하면 하나님께서도 너희를 정죄하지 않으실 것이다. 남을 용서하여라. 그리하면 하나님께서도 너희를 용서하실 것이다. (누가복음 6:37, 새번역)

●모든 악독과 격정과 분노와 소란과 욕설은 모든 악의와 함께 내버리십시오. 서로 친절하게 대하며 불쌍히 여기고, 하나님께서 그리스도 안에서 여러분을 용서하신 것과 같이, 서로 용서하십시오. (에베소서 4:31-32, 새번역)

3) 용서를 권하는 조언들[3]

(1) 마음에 깊은 상처를 입었을 때 상대를 용서하지 않으면 우리는 줄곧
   거기에 (   ) 살게 된다. −앨란 파톤

(2) 용서함은 좋은 일이다. 그러나 (   ) 건 더 좋은 일이다. −E. B. 브라우닝

(3) 그대에게 잘못을 저지른 사람이 있거든, 그가 누구이든 그것을 잊어버리고 용서하라.
   그때 그대는 용서한다는 행복을 알 것이다. 우리에게는 남을 책망할 수 있는
   (   ) 가 없다. −톨스토이

(4) 원한을 품는 것은 다른 사람에게 던지려고 뜨거운 (   ) 을
   손에 쥐고 있는 것과 마찬가지이다. 화상을 입는 것은 결국 자기 자신이다. −미상

(5) 용서는 상대를 위한 것이 아니라 (   ) 를 위한 것이다.

(6) 용서해야 (   ) 에서 벗어날 수 있다.

(7) 결정은 우리 손에 달려 있다. 용서가 우연히 일어나는 경우는 없다.
   우선 용서하겠다는 결심이 있어야 하는 것이다. 용서해야 한다는 의무감 때문에
   용서하지는 않는다. 용서는 강요될 수 없는 행위이기 때문이다. 선택은 당신의 자유다.
   용서를 선택함으로써, (   ) 를 해방시켜
   (   ) 를 치유할 수 있는 것이다. −프레드 러스킨

● 오늘 동아리 활동 한 줄 소감

---

3) 매달려, 덮어 버려두는, 권리, (   ), 나, 과거, (   )

● 10-10 감사일기장

하나님의 은혜, 이웃들의 돌봄과 보살핌에 대해 고마운 마음을 표현합시다.
하루에 10번 하나님과 이웃들에게 고마움을 표현합시다.
나아가 이웃들이 내게 고마움을 느끼도록 10번 이상 베풉시다.
나의 잘못을 사과하고, 다른 사람의 잘못을 관용합시다.
그 중 특별히 기억하고 싶은 사연을 아래 일기장에 기록해봅시다.

1) **하나님 은혜**	1	고마운 대상은? 언제?	하나님
	2	어떤 점이 고마웠나?	
	3	고마움을 어떻게 표현했나?	
	4	하나님은 어떻게 느끼셨을까?	
2) **고마운 일**	1	고마운 사람은? 언제?	
	2	어떤 점이 고마웠나?	
	3	고마움을 어떻게 표현했나?	
	4	상대방 반응은?	

1C1C 감사행진

3) 내가 베푼 칭찬, 인정, 격려, 위로, 배려, 양보	1	언제, 어떤 상황에서?
	2	누구에게?
	3	어떤 내용(방법)으로?
	4	상대방의 반응은?
	5	그때 내 기분은?
4) 내가 베푼 칭찬, 인정, 격려, 위로, 배려, 양보	1	언제, 어떤 상황에서?
	2	누구에게?
	3	어떤 내용(방법)으로?
	4	상대방의 반응은?
	5	그때 내 기분은?

5) **내가 받은** **감사 표현**	1	언제, 누구로부터 받았나?	
	2	어떤 일로 고마워했나?	
	3	상대방이 어떻게 표현했나?	
	4	그때 내 기분은?	
	5	나는 어떻게 반응했나?	
6) **내가** **잘못을** **사과한 일**	1	언제, 어떤 상황에서?	
	2	누구에게?	
	3	어떤 내용(방법)으로?	
	4	상대방의 반응은?	
	5	그때 내 기분은?	

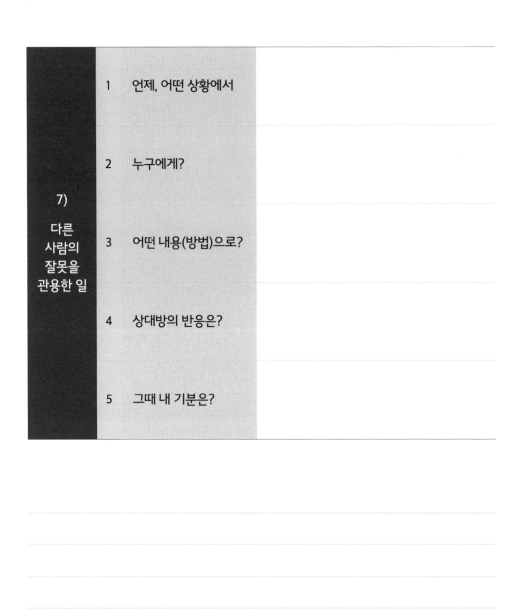

7) 다른 사람의 잘못을 관용한 일	1	언제, 어떤 상황에서
	2	누구에게?
	3	어떤 내용(방법)으로?
	4	상대방의 반응은?
	5	그때 내 기분은?

4-3 | 제4층
용서의 계단 오르기

감사동아리 모임 진행 순서

※유튜브 강의를 미리 듣고 참여하면 효과적입니다.
각 단원의 QR코드로 유튜브 '감사학교TV'에서 강의 동영상 검색

순서	내용
1. 감사 찬양	4곡의 주제가 중 선정하여 부르기
2. 감사일기 나누기	10-10 감사일기 중 1가지만 깊이있게(1인당 2분 내외)
3. 워크숍	●용서를 막는 벽 ●용서를 여는 문
4. 감사 기도하기	10-10 감사 기도문으로 함께 기도하기

1. 용서를 막는 벽

1) 무엇이 용서를 하려는 우리 마음을 막을까요? [1]

2) 분노는 우리에게 어떤 영향을 줄까요? 성경의 교훈을 찾아봅시다. [2]

(1) "노하기를 속히 하는 자는 (   ) 일을 행하고,

악한 계교를 꾀하는 자는 미움을 받느니라" 잠언 14:17

(2) "분을 쉽게 내는 자는 (   ) 을 일으켜도,

노하기를 더디 하는 자는 (   ) 를 그치게 하느니라" 잠언 15:18

(3) "노하기를 더디 하는 것이 사람의 (   ) 요 허물을 용서하는 것이

자기의 (   ) 이니라" 잠언 19:11

---

1) 옛 사람들에게 말하기를 '살인하지 말아라. 누구든지 살인하는 사람은 재판을 받아야 할 것이다' 한 것을 너희는 들었다. 그러나 나는 너희에게 말한다. 자기 형제나 자매에게 성내는 사람은, 누구나 심판을 받는다. 자기 형제나 자매에게 얼간이라고 말하는 사람은, 누구나 공의회에 불려갈 것이요, 또 바보라고 말하는 사람은 지옥 불 속에 던져질 것이다. (마태복음 5:21-22, 새번역)

2) ●성을 잘 내는 사람은 어리석은 일을 하고, 음모를 꾸미는 사람은 미움을 받는다. (잠언 14:17, 새번역)

●화를 쉽게 내는 사람은 다툼을 일으키지만, 성을 더디 내는 사람은 싸움을 그치게 한다. (잠언 15:18, 새번역)

●노하기를 더디 하는 것은 사람의 슬기요, 허물을 덮어 주는 것은 그의 영광이다. (잠언 19:11, 새번역)

●사랑하는 형제자매 여러분, 여러분은 이것을 알아두십시오. 누구든지 듣기는 빨리 하고, 말하기는 더디 하고, 노하기도 더디 하십시오. 노하는 사람은 하나님의 의를 이루지 못하기 때문입니다. (야고보서 1:19-20, 새번역)

2. 용서를 여는 문

1) 내가 받은 용서

나를 용서해준 사람	용서 받은 내용	왜 용서를 해주었을까?

2) 무엇이 나에게 잘못한 사람을 용서하게 만들까요?[3]

나도 죄인이라는 성찰과 자각		

---

3) ● "너희가 남의 잘못을 용서해 주면, 너희 하늘 아버지께서도 너희를 용서해 주실 것이다. 그러나 너희가 남을 용서해 주지 않으면, 너희 아버지께서도 너희의 잘못을 용서해 주지 않으실 것이다." (마태복음 6:14-15, 새번역)

● "너희가 심판을 받지 않으려거든, 남을 심판하지 말아라. 너희가 남을 심판하는 그 심판으로 하나님께서 너희를 심판하실 것이요, 너희가 되질하여 주는 그 되로 너희에게 되어서 주실 것이다. 어찌하여 너는 남의 눈 속에 있는 티는 보면서, 네 눈 속에 있는 들보는 깨닫지 못하느냐? 네 눈 속에는 들보가 있는데, 어떻게 남에게 말하기를 '네 눈에서 티를 빼내 줄테니 가만히 있거라' 할 수 있겠느냐? 위선자야, 먼저 네 눈에서 들보를 빼내어라. 그래야 네 눈이 잘 보여서, 남의 눈 속에 있는 티를 빼 줄 수 있을 것이다." (마태복음 7:1-5, 새번역)

● 오늘 동아리 활동 한 줄 소감

● 10-10 감사일기장

하나님의 은혜, 이웃들의 돌봄과 보살핌에 대해 고마운 마음을 표현합시다.
하루에 10번 하나님과 이웃들에게 고마움을 표현합시다.
나아가 이웃들이 내게 고마움을 느끼도록 10번 이상 베풉시다.
나의 잘못을 사과하고, 다른 사람의 잘못을 관용합시다.
그 중 특별히 기억하고 싶은 사연을 아래 일기장에 기록해봅시다.

	1	고마운 대상은? 언제?	하나님
1) 하나님 은혜	2	어떤 점이 고마웠나?	
	3	고마움을 어떻게 표현했나?	
	4	하나님은 어떻게 느끼셨을까?	

2) **고마운** **일**	1	고마운 사람은? 언제?	
	2	어떤 점이 고마웠나?	
	3	고마움을 어떻게 표현했나?	
	4	상대방 반응은?	
3) **내가 베푼** **칭찬,** **인정,** **격려,** **위로,** **배려,** **양보**	1	언제, 어떤 상황에서?	
	2	누구에게?	
	3	어떤 내용(방법)으로?	
	4	상대방의 반응은?	
	5	그때 내 기분은?	

III

1C1C 감사행전

4) 내가 베푼 칭찬, 인정, 격려, 위로, 배려, 양보	1	언제, 어떤 상황에서?	
	2	누구에게?	
	3	어떤 내용(방법)으로?	
	4	상대방의 반응은?	
	5	그때 내 기분은?	
5) 내가 받은 감사 표현	1	언제, 누구로부터 받았나?	
	2	어떤 일로 고마워했나?	
	3	상대방이 어떻게 표현했나?	
	4	그때 내 기분은?	
	5	나는 어떻게 반응했나?	

6) **내가** **잘못을** **사과한 일**	1	언제, 어떤 상황에서?	
	2	누구에게?	
	3	어떤 내용(방법)으로?	
	4	상대방의 반응은?	
	5	그때 내 기분은?	
7) **다른** **사람의** **잘못을** **관용한 일**	1	언제, 어떤 상황에서	
	2	누구에게?	
	3	어떤 내용(방법)으로?	
	4	상대방의 반응은?	
	5	그때 내 기분은?	

4-4 | 제4층
용서의 계단 오르기

용서 (4층)

사과(3층)

배려(2층)

감사(1층)

감사동아리 모임 진행 순서

※유튜브 강의를 미리 듣고 참여하면 효과적입니다.
각 단원의 QR코드로 유튜브 '감사학교TV'에서 강의 동영상 검색

순서	내용
1. 감사 찬양	4곡의 주제가 중 선정하여 부르기
2. 감사일기 나누기	10-10 감사일기 중 1가지만 깊이있게(1인당 2분 내외)
3. 워크숍	● 용서의 방법 ● 나의 사과, 나의 용서
4. 감사 기도하기	10-10 감사 기도문으로 함께 기도하기

1. 용서의 방법

1) 내가 하나님 앞에 잘못을 했을 때 어떻게 해야 할까요?[1]

2) 내가 다른 사람에게 잘못을 했을 때, 하나님께로부터 용서받으면 될까요?[2]

3) 다른 사람이 내게 잘못을 했을 때 내가 할 수 있는 방법은 어떤 것들이 있을까요? 그렇게 했을 때 어떤 효과나 역효과가 나타날까요?

구분	맞대응, 사과 요구	미움(증오)	잊어버림, 무시	이해, 용서
효과, 역효과				

---

1) 만일 우리가 우리 죄를 자백하면 그는 미쁘시고 의로우사 우리 죄를 사하시며 우리를 모든 불의에서 깨끗하게 하실 것이요. (요한1서 1:9)

2) 당사자에게 사과하고 용서를 구한다. 하나님께 회개하고 용서를 구한다.

4) 다른 사람이 내게 사과를 해올 때, 다음과 같이 한다면
어떤 결과가 나타날까요?

구분	거절(거부)	보복	수락(화해)
효과, 역효과			

5) 다른 사람이 내게 잘못을 해놓고도 사과를 하지 않는 경우,
다음과 같이 대응한다면 어떤 결과가 나타날까요?[3]

구분	보복	미움(증오)	잊어버림, 무시	이해, 용서
효과, 역효과				

6) 내게 잘못한 사람이 사과하지 않아도 내가 용서해야 하는 이유는
무엇인가요?[4]

---

3) 대응하면 복수의 악순환이 온다. 복수는 과거를 변화시키지 못하지만, 용서는 미래를 확장하고 새로운 미래를 만든다.

4) 아무에게도 악을 악으로 갚지 말고, 모든 사람이 선하다고 생각하는 일을 하려고 애쓰십시오. 여러분 쪽에서 할 수 있는 대로 모든 사람과 더불어 화평하게 지내십시오. 사랑하는 여러분, 여러분은 스스로 원수를 갚지 말고, 그 일은 하나님의 진노하심에 맡기십시오. 성경에도 기록하기를 "원수 갚는 것은 내가 할 일이니, 내가 갚겠다'고 주님께서 말씀하신다" 하였습니다. "네 원수가 주리거든 먹을 것을 주고, 그가 목말라 하거든 마실 것을 주어라. 그렇게 하는 것은, 네가 그의 머리 위에다가 숯불을 쌓는 셈이 될 것이다" 하였습니다. 악에게 지지 말고, 선으로 악을 이기십시오. (로마서 12:17-21, 새번역)

7) 영화 '밀양'의 줄거리를 살펴보고 이야기에 나오는 '사과'와
'용서'에 대한 나의 생각을 적어봅시다.[5]

줄거리	신애는 납치범에게 아들을 잃고 고통 가운데 만난 예수님을 통해 그 고통을 이겨낸다. 아들을 잃은 슬픔이 치유된 듯했지만, 교도소에서 아들의 살해자를 만나는 순간 그 마음이 무너져내린다. 하나님께로부터 이미 용서를 받았노라며 온화한 미소로 대답하는 원수의 모습. 원수도 사랑하라 하시는 예수님의 말씀대로 원수를 용서하러 어렵게 교소도에 갔는데 그가 이미 용서를 받았다니…. "내가 용서하지 않았는데, 누가 나를 대신해서 용서를 했나"며 신애는 절규한다.
내 생각	

8) 장례식장에서 마주한 산 자와 죽은 자

(1) 살아 있는 피해자는 고인이 된 가해자를 용서할 수 (있다, 없다)

(2) 가해자인 고인은 살아 있는 피해자에게 용서를 구할 수 (있다, 없다)

(3) 살아 있는 가해자는 피해자인 고인에게 용서를 구할 수가 (있다, 없다)

(4) 피해자인 고인은 살아 있는 가해자를 용서할 수 (있다, 없다)

(5) 그러므로 어떻게 해야 할까요?[6]

---

5) ① 하나님께 용서받았다 하면서 피해자에게 사과하지 않는 것은 진정한 회개가 아니다. ② 가해자는 먼저 하나님께 진정한 용서를 구하고 피해자에게 사과해야 한다. ③ 그러나 가해자가 사과하지 않더라도 피해자는 용서(정리)해야 한다. 심판은 하나님의 영역이다. 그리고 용서를 표현해야 한다.

6) ● 그러므로 여러분은 거짓을 버리고, 각각 자기 이웃과 더불어 참된 말을 하십시오. 우리는 서로 한 몸의 지체들입니다. 화를 내더라도, 죄를 짓는 데까지 이르지 않도록 하십시오. 해가 지도록 노여움을 품고 있지 마십시오. 악마에게 틈을 주지 마십시오. (에베소서 4:25-27, 새번역)

2. 나의 사과, 나의 용서

1) 사과와 용서는 상대방을 위한 일이 아니라 (   ) 를 위한 일이며,
   과거에 대한 일이 아니라 (   ) 에 대한 일이다.

2) 사과와 용서에 대해 얼마나 아느냐보다 중요한 건,
   내가 사과하고 용서하는 것이다.

3) 지금 내가 사과해야 할 사람은 누구인가요?
   각주의 성경말씀을 읽어보면서 생각해봅시다.[7]

---

7) ●"너희가 심판을 받지 않으려거든, 남을 심판하지 말아라. 너희가 남을 심판하는 그 심판으로 하나님께서 너희를
심판하실 것이요, 너희가 되질하여 주는 그 되로 너희에게 되어서 주실 것이다. 어찌하여 너는 남의 눈 속에 있는
티는 보면서, 네 눈 속에 있는 들보는 깨닫지 못하느냐? 네 눈 속에는 들보가 있는데, 어떻게 남에게 말하기를 '네 눈
에서 티를 빼내 줄테니 가만히 있거라' 할 수 있겠느냐? 위선자야, 먼저 네 눈에서 들보를 빼내어라. 그래야 네 눈이
잘 보여서, 남의 눈 속에 있는 티를 빼 줄 수 있을 것이다." (마태복음 7:1 -5, 새번역)

●그 때에 베드로가 예수께 다가와서 말하였다. "주님, 내 형제가 나에게 자꾸 죄를 지으면, 내가 몇 번이나 용서하
여 주어야 합니까? 일곱 번까지 하여야 합니까?" 예수께서 대답하셨다. "일곱 번만이 아니라, 일흔 번을 일곱 번이라
도 하여야 한다." (마태복음 18:21 -22, 새번역)

●그러나 내 말을 듣고 있는 너희에게 내가 말한다. 너희의 원수를 사랑하여라. 너희를 미워하는 사람들에게 잘 해
주고, 너희를 저주하는 사람들을 축복하고, 너희를 모욕하는 사람들을 위하여 기도하여라. 네 뺨을 치는 사람에게
는 다른 쪽 뺨도 돌려대고, 네 겉옷을 빼앗는 사람에게는 속옷도 거절하지 말아라. 너에게 달라는 사람에게는 주고,
네 것을 가져가는 사람에게서 도로 찾으려고 하지 말아라. 고 하지 말아라. 너희는 남에게 대접을 받고자 하는 대로
남을 대접하여라.

내가 사과해야 할 사람	어떤 점을 어떻게 표현할 것인가?

4) 지금 내가 용서해야 할 사람은 누구인가?

내가 용서해야 할 사람	어떤 점을 어떻게 표현할 것인가?

● 오늘 동아리 활동 한 줄 소감

너희가 너희를 사랑하는 사람들만 사랑하면, 그것이 너희에게 무슨 장한 일이 되겠느냐? 죄인들도 자기네를 사랑하는 사람들을 사랑한다. 너희를 좋게 대하여 주는 사람들에게만 너희가 좋게 대하면, 그것이 너희에게 무슨 장한 일이 되겠느냐? 죄인들도 그만한 일은 한다. 도로 받을 생각으로 남에게 꾸어 주면, 그것이 너희에게 무슨 장한 일이 되겠느냐? 죄인들도 고스란히 되받을 요량으로 죄인들에게 꾸어 준다.
그러나 너희는 너희 원수를 사랑하고, 좋게 대하여 주고, 또 아무것도 바라지 말고 꾸어 주어라. 그리하면 너희는 큰 상을 받을 것이요, 더없이 높으신 분의 아들이 될 것이다. 그분은 은혜를 모르는 사람들과 악한 사람들에게도 인자하시다. 너희의 아버지께서 자비로우신 것 같이, 너희도 자비로운 사람이 되어라. (누가복음 6:27-36, 새번역)

B | 종강
진단, 파송

감사동아리 모임 진행 순서

※ 유튜브 강의를 미리 듣고 참여하면 효과적입니다.
각 단원의 QR코드로 유튜브 '감사학교TV'에서 강의 동영상 검색

순서	내용
1. 감사 찬양	4곡의 주제가 중 선정하여 부르기
2. 감사일기 나누기	10-10 감사일기 중 1가지만 깊이 있게(1인당 2분 내외)
3. 워크숍	●나의 감사생활 사후 진단 ●동아리 활동 소감과 다짐 ●새로운 감사동아리 개척 계획 발표
4. 감사 기도하기	다음의 감사 기도문을 함께 읽거나, 다른 회원을 위해 기도하기

1C1C 감사행전

1. 나의 감사 생활 사후 진단

1) 다음 질문에 해당되는 답에 표시를 한 후 합산을 해봅시다.

①전혀 그렇지 않다 ②그런 편이다 ③보통이다 ④그렇다 ⑤매우 그렇다

번호	문항	전혀 그렇지 않다				매우 그렇다
1	나는 왜 긍정적 사고가 필요한지 설명할 수 있다.	①	②	③	④	⑤
2	나는 평소 긍정적인 언어를 많이 사용한다.	①	②	③	④	⑤
3	나는 평소 나에 대해 긍정적으로 생각한다.	①	②	③	④	⑤
4	나는 평소 주변 사람들에 대해 긍정적으로 생각한다.	①	②	③	④	⑤
5	나는 평소 내가 하는 일을 즐겁게 한다.	①	②	③	④	⑤
6	나는 평소 내가 처한 상황(소유, 지위 등)에 대해 긍정적으로 생각한다.	①	②	③	④	⑤
7	나는 앞으로 다가올 나의 미래에 대해 낙관적으로 생각한다.	①	②	③	④	⑤
8	나는 어려운 문제가 생길 경우 긍정적인 생각으로 잘 극복한다.	①	②	③	④	⑤
9	나는 평소 친절한 말과 표정으로 사람들을 대한다.	①	②	③	④	⑤
10	나는 긍정적인 사고가 나의 강점이라고 생각한다.	①	②	③	④	⑤
점수 계 A						
11	나는 그리스도인이 왜 감사하며 살아야 하는지 설명할 수 있다.	①	②	③	④	⑤
12	나는 늘 감사하면서 살고 있고, 그렇게 살고 싶다.	①	②	③	④	⑤
13	나는 감사거리를 찾아내는 방법을 알고 있으며, 지금 당장 최근의 고마운 일 10가지 정도를 생각해낼 수 있다.	①	②	③	④	⑤
14	나는 고마운 일을 기억해두기 위해 틈틈이 기록(일기)을 해둔다.	①	②	③	④	⑤
15	누군가로부터 도움이나 보살핌을 받았을 때 나는 반드시 표현을 해야 한다고 생각한다.	①	②	③	④	⑤

16	나는 평소 주변 사람들에게 고맙다는 표현(말, 문자)을 자주 한다.	①	②	③	④	⑤
17	오늘 집을 나선 후 휴대전화를 놓고 온 걸 뒤늦게 알았을 경우, 나는 불평하지 않고 다시 집으로 향할 수 있다.	①	②	③	④	⑤
18	나는 하나님과 이웃들에게 감사함으로써 고마운 일들이 더 많이 보이고 생겨나는 것을 평소 경험한다.	①	②	③	④	⑤
19	나는 평소 지나간 일을 후회하거나, 나(소유, 상황)를 남과 비교하지 않는다.	①	②	③	④	⑤
20	"범사에 감사하라"는 말씀은 그리스도인이 반드시 실천해야 할 명령이라고 생각한다.	①	②	③	④	⑤
점수 계 B						
21	나는 왜 그리스도인이 다른 사람을 배려하며 살아야 하는지 설명할 수 있다.	①	②	③	④	⑤
22	나는 평소 다른 사람이 내게 해주었으면 하는 걸 잘 찾아내서 해준다.	①	②	③	④	⑤
23	나는 하루에 5번 이상 주변 사람들로부터 "고맙다", "친절하다"는 인사를 받는다.	①	②	③	④	⑤
24	나는 평소 약자를 배려하고 돕는 데 관심을 갖고 산다.	①	②	③	④	⑤
25	나는 다른 사람에게 무언가 베풀면 마음이 기쁘고 행복해지는 걸 느껴 더욱 그렇게 하고 싶어진다.	①	②	③	④	⑤
26	나는 평소 다른 사람을 칭찬, 격려, 위로, 공감하려고 애를 쓴다.	①	②	③	④	⑤
27	나는 말이나 글로 표현할 때 상대방을 배려한다. 또 혼자 말하지 않고 상대방 말을 잘 들어준다.	①	②	③	④	⑤
28	나는 다른 사람에게 폐(불편)를 끼치지 않으려 공중도덕과 질서를 잘 지키며 쓰레기와 재활용품 분리 배출을 철저히 한다.	①	②	③	④	⑤
29	나는 누군가의 편리를 위해 스스로 불편을 감수한다. 나는 문을 열고 닫을 때 문 손잡이를 다음 사람에게 건네준다.	①	②	③	④	⑤
30	나는 내가 하나님과 이웃들로부터 이미 많은 것을 받아 누 리고 있으며, 그것을 다른 사람과 나눠야 한다고 생각한다.	①	②	③	④	⑤
점수 계 C						

173

31	나는 하나님과, 주변 사람들과 화목하게 살고 싶고, 그렇게 사는 것이 하나님의 뜻이라고 생각한다.	①	②	③	④	⑤
32	나는 내가 하나님 앞에서 죄인임을 실감하며, 하나님께 잘못할 경우 그때마다 잘못을 인정하고 용서를 구한다.	①	②	③	④	⑤
33	나는 내가 다른 사람에게 잘못을 하는 경우, 상대방이 수긍할 수 있을 정도로 잘못을 인정하고 사과한다	①	②	③	④	⑤
34	나는 하나님과 이웃에게 왜 잘못을 사과하고 용서를 구해야 하는지 설명할 수 있다.	①	②	③	④	⑤
35	나는 다른 사람에게 잘못한 경우, 어떻게 사과하고 용서를 구해야 하는지 방법을 알고 있다.	①	②	③	④	⑤
36	나는 내가 다른 사람에게 잘못한 경우, 미루지 않고 가급적 빨리 사과하는 편이다.	①	②	③	④	⑤
37	나는 하나님께서 나의 죄를 용서하셨기에, 나도 다른 사람의 잘못을 당연히 관용해야 한다고 생각한다.	①	②	③	④	⑤
38	나는 사과와 용서를 막는 것이 분노임을 알고 있다. 그래서 다른 사람이 내게 잘못할 때 분노하지 않고 화를 잘 다스리는 편이다.	①	②	③	④	⑤
39	나는 최근 내가 잘못을 인정하고 사과한 일 3가지를 기억해낼 수 있다.	①	②	③	④	⑤
40	나는 다른 사람이 내게 잘못한 일에 대하여 관용한 일 3가지를 기억해낼 수 있다.	①	②	③	④	⑤

점수 계 D

점수 합계   A+B+C+D

2) 각 그룹의 내용은 다음과 같습니다.

(1) A그룹 - 나는 얼마나 긍정적인가?
(2) B그룹 - 나는 얼마나 감사하며 사는가?
(3) C그룹 - 나는 얼마나 배려하며 사는가?
(4) D그룹 - 나는 얼마나 이웃들과 사과하고 용서하며 화목하게 사는가?

3) 위 진단 결과를 기록해봅시다.

점수 계	내용 구분	나의 점수	비고
A	얼마나 긍정적인가?	/ 50	
B	얼마나 감사하며 사는가?	/ 50	
C	얼마나 이웃을 배려하며 사는가?	/ 50	
D	얼마나 사과하고 용서하며 사는가?	/ 50	
점수 합계		/ 200	

4) 수업 전 후 진단 결과를 비교해봅시다. 어느 그룹이 나아졌는지 살펴봅시다.

그룹	사전 진단 점수	사후 진단 점수	결과 비교
A 긍정			
B 감사			
C 배려			
D 사과,용서			

2. 감사동아리 활동 소감

1) 감사동아리 활동을 통해 나는 무엇이 어떻게 달라졌나?

3. 앞으로의 계획과 다짐

1) 새로운 감사동아리 개척 계획

대상자	구체적인 활동 계획

4. 격려와 감사 (Rolling Paper)

다음 페이지 공간에 동료들로부터 격려 메시지를 받읍시다.

5. 감사 기도

※ 감사동아리 활동을 저와 함께 해주셔서 감사합니다.
저에게 격려의 말씀 한 줄 적어주시면 기억하며 10-10 감사행전을 이어가겠습니다.

제4부

부록

1. '감사'를 말한다.
2. 감사운동을 풍성하게 해주는 방법들
3. 감사 스토리
4. 기독교인의 감사 인식조사 결과

1. '감사'를 말한다

- "행복하기 때문에 감사하는 것이 아니라,
  감사하기 때문에 행복한 것이다." — 탈무드

- "빵이 몸을 기본적으로 유지시켜 삶을 지탱해 주듯이,
  마찬가지로 감사는 영혼의 양식이다. — Priscilla Wayne

- "고마워하라. 감사하는 태도를 연마하라. 고마움은 주어진 환경보다
  자신의 태도에 의해 좌우된다. 가지지 못한 것에 대한 아쉬운 마음이 들 때마다
  지금 가지고 있는 것에 대해 신에게 감사하라." — Jim Stephens

- "세상에서 가장 지혜로운 사람은 배우는 사람.
  세상에서 가장 행복한 사람은 감사하며 사는 사람." — 탈무드

- "감사할 줄 모르는 자를 벌할 법은 없다.
  감사할 줄 모르는 삶 자체가 벌이기 때문이다." — 라이피 콥스

- "그 사람이 얼마나 행복한가는 감사의 깊이에 달려있다." — 존 밀러

- "하나님이 거하시는 곳이 두 곳이 있는데 하나는 천국이요,
  다른 하나는 감사하는 마음이다." — 아이작 월튼

- "배은망덕은 자연스런 들풀 같아서 가꾸지 않아도 무성하지만,
  감사는 장미와 같아서 물을 주며 곱게 기르고 사랑해야만 자란다." — 카네기

- "감사라는 보석을 지닌 사람은 누더기를 걸치고 있어도 행복하다." — 메튜 헨리

- "감사한 것들에 대한 일기를 써라. 매일 밤 고마운 일 5가지를 적어라.
  삶에 대한 새로운 희망을 갖게 될 것이다." — 오프라 윈프리

- "세상에서 가장 사랑받는 사람은 모든 사람을 칭찬하는 사람이요,
  가장 행복한 사람은 감사하는 사람이다." — 탈무드

- "세상을 사는 방법에는 두 가지가 있는데, 하나는 기적이란 없다고 믿고 사는 것,
  또 하나는 모든 것이 기적이라고 믿으며 사는 것이다. 나는 그 중 후자, 즉
  "모든 것이 기적이라고 믿으며 사는 삶을 선택하기로 했다." — 아인슈타인

- "불행할 때 감사하면 불행이 끝이 나고,
  형통할 때 감사하면 형통이 다시 찾아온다." — 스펄전

- "불행할 때 감사하면 불행이 끝나고, 형통할 때 감사하면 형통이 연장된다.
  촛불을 보고 감사하면 전등불을 주시고, 전등불을 보고 감사하면 달빛을 주시고,
  달빛을 보고 감사하면 햇빛을 주시고, 햇빛을 보고 감사하면 천국을 주신다."

- "하루에도 수 백만 가지의 기적이 일어나지만,
  그 기적을 기적으로 믿는 사람에게만 기적이 된다." — 로버트 슐러

- "나는 감사할 줄은 모르면서 행복해 하는 사람을 한 번도 보지 못했다."
  — 지그 지글러

- "감사하는 마음은 다른 사람을 향한 감정이 아니라, 자기 자신의 평화를 위한
  감정이다. 감사하는 행위, 그것은 벽에다 던지는 공처럼 언제나
  자기 자신에게로 돌아온다. — 이어령

- "풍족함은 편한 것이지만 감사할 줄 모르게 하고,
  부족함은 불편한 것이지만 무엇에겐가 감사하게 만든다." — 세르반테스

2. 감사운동을 풍성하게 해주는 방법들

● **게시물**
- 플래카드-"10-10 감사행전"
- 플래카드-감사의 말-"감사합니다", "먼저 하십시오", "제 잘못입니다", "괜찮습니다" 등
- 포스터-배려 실천사항

● **참여와 나눔**
- 감사 나무(감사 트리) 만들기-성탄 트리처럼 감사 메모지 트리에 달기
- 감사(칭찬) 게시판-고마운 사람, 칭찬할 사람 사연 적어 게시
- 감사 릴레이-홈페이지, 문자 통해 감사 메시지. 받은 사람이 다음 사람 발굴해서 감사 메시지 전달
- 감사, 사과 편지 보내기-한 주간에 세 사람에게 짧은 편지 보내기
- 범사 감사 데이-매월 하루 정해 그날은 감사 스위치를 켜서 그날 일어난 모든 일에 감사하기. 불평 제로 데이.
- 이 달의 고마운 사람 선정
- 등짝 축복-등에 감사, 격려, 칭찬, 축복의 말 스티커에 적어 붙여주기(1인당 10매)
- 감사 찬양 발표회-가족까지 참여하는 감사 주제의 찬양 발표하기
- 감사카드 나누기-감사와 관련된 말씀을 스티커로 만들어 교인들에게 나눠주기
- 감사 쪽지 쓰기-한 달 동안 매일 포스트잇에 감사의 마음 적은 후 촬영하여 문자로 보내주기
- 전 교인 대상 심폐 소생술 훈련
- 감사 쿠폰-개강시 1인당 5매 구입. 자신에게 배려해준 공동체 구성원에게 전달. 종료시 상품으로 교환. 쿠폰 받기 위해 배려 촉진 효과
- 감사장 만들기-가장 고마운 사람을 초대해 내용 소개와 감사장 전달
- 감사영상-동영상 감사 편지 만들어 고마운 사람에게 보내기(홈페이지에 게시)

● **감사 백일장**

- N행시(감사, 배려, 사과, 용서, 교회 이름, 내 이름)

- 10-10 감시일기 쓰기 소감, 내가 받은 감동의 배려,

- 10-10 감사행전 실천 소감

- 감사, 배려, 사과, 용서를 주제로 한 시

- 감사학교 수료 소감문

- 특정 대상자에게 감사 유언 쓰기

● **감사 사진전**

- 감사, 배려의 현장 사진

- 감사 사진전-일상에서 느끼는 주님의 은혜를 사진으로 찍고, 그 의미를 적어 전시하기

- 파안대소 사진전-가장 환한 얼굴의 동료 사진을 촬영하여 공유하고
  스티커 투표로 우수작 선정

※백일장, 사진전 기록물을 모아 감사문집 발간

● **그밖에**

- 예배 순서에 '참회의 기도'와 '감사의 기도' 순서 추가

- 감사절에 그동안 쓴 감사일기장 봉헌

- 결혼, 결혼 기념일, 생일, 회갑 등 기념일에 의미있는 수만큼 감사일기 쓰기.
  또는 대상자에 대한 감사편지를 작성하여 선물하기

- 감사 자서전 쓰기

3. 감사 스토리

● 윌리엄 캐리

윌리엄 캐리는 1792년 영국 침례교 선교사로 파송 받아 인도에 가던 날부터
수많은 아픔과 시련이 뒤따랐다. 선교지에 도착한지 2년 만에
5살 된 아들을 잃고, 그의 아내는 정신 분열증으로 병원에 입원하였다.
그래도 그가 인도라는 복음의 불모지에서 뜨거운 열정으로 전도했으나
7년 동안 단 한 사람도 개종시키지 못하였다.
선교사역 7년 만에 겨우 한 사람에게 세례를 주었을 뿐이었다.

그러다가 그는 선교지를 세람포르로 옮겨 거기서 20년의 피땀 섞인 각고 끝에
성경을 인도의 중심 언어인 벵갈어로 번역하는 대작업을 완성시켰다.
원고지의 분량이 1만1천 페이지나 되었다. 1812년 3월 12일 드디어
인도 사람들이 읽을 수 있는 성경인쇄 작업이 시작되었다.

인쇄기가 윙윙 돌아가는 감격스런 광경을 보면서 그는 잠시 산책을 나갔다.
그가 잠시 자리를 비운 사이에 종이와 휘발성잉크의 본질을 모르던
인도 사람들이 담배를 피우며 일을 하다가 화재가 발생하고 말았다.
20년간의 모든 수고가 한 줌의 잿더미로 널려지고 말았다.
대형 다국어 사전, 두 권의 문법 책, 완역한 성경원고들이 다 타버렸다.
지금까지 숱한 고난과 역경을 곧잘 이겨냈던 그였지만
이번에는 너무나 큰 충격적인 비극을 당면했다.

한참 동안의 적막이 흐른 뒤에 캐리는 그 종이 잿더미 위로 뚜벅뚜벅 걸어가
그 위에 무릎을 꿇고 이렇게 힘차게 기도를 드렸다.

186

"오, 주님! 주님은 저의 20년간의 수고를 거두어 가셨습니다. 여기에는 재만 깔려 있습니다.
하지만, 주님! 저에게 20년간의 수고와 노력은 거두어가셨어도,
다시 번역할 수 있는 믿음과 인내를 거두어가지 않으심을 감사합니다."

그리고는 옆에 서있던 동료 선교사들에게 이렇게 선언했다.

"틀림없이 하나님께서는 이 좋지 않은 일을 통해서 우리의 유익을 증진시킬 것입니다."

윌리엄 캐리는 다시 일어나 3개의 언어, 곧 벵갈어, 산스크리트어, 마라디어로
성경을 완역하는 등 다른 많은 언어와 방언들로 신약성경과 쪽 복음들을
번역 출판했다. 또 그는 Serampore College를 세우고,
Fort William College의 동양어학과 교수로 활동하는 등
현대선교의 선구자가 되었고, 19세기 인도 르네상스의 아버지가 되었다.

● 청교도들의 감사

1620년 8월 15일 영국의 102명의 청교도들은 메이플라워호를 타고
플리머스항(港)을 출발해 북아메리카로 향하였다.
그러나 문제가 생겨 다시 돌아왔다가 9월 16일 다시 출항했다.
메이플라워호는 180t, 길이 27.5m, 돛 3개를 가진 작은 배였다.
이 배는 11월 19일에 케이프코드만(灣)을 경유하여 11월 21일
오늘날의 프로빈스타운에 입항하여 선박수리와 보급(補給)을 받은 후,
12월 21일 매사추세츠주(州) 연안에 도착했다. 험한 파도와 싸우며
고생 끝에 미국에 도착한 청교도들은 먼저 감사 찾기에 들어갔다.
그리고는 다음과 같은 7가지를 찾아냈다.

1) 180톤밖에 안 되는 작은 배이지만, 그 배라도 주심을 감사.

2) 평균 시속 2마일로 항해했으나 117일간 계속 전진할 수 있었음에 감사

3) 항해 중 두 사람이 죽었으나, 한 아이가 태어났음에 감사.

4) 폭풍으로 큰 돛이 부러졌으나, 파선되지 않았음에 감사.

5) 여자들 몇 명이 심한 파도 속에 휩쓸렸지만, 모두 구출됨을 감사.

6) 인디언들의 방해로 상륙할 곳을 찾지 못해 한 달 동안 바다에서 표류했지만,
   결국 호의적인 원주민이 사는 곳에 상륙하게 해주셔서 감사.

7) 고통스러운 3개월 반의 항해 도중, 단 한 명도 돌아가자는 사람이 나오지 않았음에 감사.

다른 사람들이 보기에는 감사할 것이 없음에도, 아니 불평 거리가
가득했음에도 청교도들은 감사제목을 7가지나 찾아냈다.
이는 정박할 좋은 항구를 찾아낸 것보다 더 위대한 일이다.
우리의 하루, 일생에도 역발상의 눈으로 찾아보면
이러한 감사거리가 수없이 숨어 있을 것이다.

● 손양원 목사의 감사

'사랑의 원자탄'으로 불리는 손양원 목사는 그의 두 아들이
북한군에게 총살당했다. 하나도 아니고 두 아들이 총살을 당한 부모의 마음이
어땠겠는가? 그러나 그는 아들을 죽인 북한군인을 양아들로 삼고,
장례식에서 하나님께 9가지의 감사기도를 드렸다.

1) 나 같은 죄인의 혈통에서 순교의 자식이 나게 하심을 하나님께 감사합니다.
2) 허다한 많은 성도 중에서 어찌 이런 보배(한센인)를 주께서 하필 내게 맡겨
   주셨는지 감사합니다.
3) 3남3녀 중에서도 가장 아름다운 두 아들 장남과 차남을 바치게 된
   나의 축복을 감사드리나이다.
4) 한 아들의 순교도 귀하다 하거든 하물며 두 아들의 순교했으니 감사합니다.
5) 예수 믿다가 자리에 누워 임종하는 것도 큰 복인데, 전도하다가
   총살 순교했으니 감사합니다.
6) 미국 가려고 준비하던 내 아들 미국보다 더 좋은 천국 갔으니
   내 마음 안심되어 감사합니다.
7) 나의 두 아들을 총살한 원수를 회개시켜 내 아들 삼고자 하는
   사랑하는 마음을 주신 하나님께 감사합니다.
8) 두 아들의 순교의 열매로 말미암아 무수한 천국의 아들들이 생길 것이
   믿어지니 우리 하나님께 감사합니다.
9) 이 같은 역경 속에서도 하나님의 사랑을 깨닫게 하시고 이길 수 있는
   믿음을 주시니 감사합니다.

오, 주여! 나에게 분수에 넘치는 과분한 큰 복을 주신 하나님께
감사와 영광을 돌리옵니다.

● "주님, 감사합니다"(1)

주님, 저는 주님께 출세의 길을 위해 건강과 힘을 구했으나,
주님은 순종을 배우라고 나약함을 주셨습니다.

주님, 저는 위대한 일을 하고 싶어 건강을 청했으나,
주님은 보다 큰 선을 행하라고 병고를 주셨습니다.

주님, 저는 행복하게 살고 싶어 부귀를 청했으나,
주님은 지혜로운 자가 되라고 가난을 주셨습니다.

주님, 저는 만인이 우러러 존경하는 자가 되려고 명예를 청했으나,
주님은 저를 비참하게 만드시고 주님만을 필요로 하게 하셨습니다.

주님, 저는 홀로 있기가 외로워 우정을 청했으나,
주님은 세계의 형제들을 사랑하라는 넓은 마음을 주셨습니다.

주님, 저는 삶을 즐겁게 해줄 모든 것을 청했으나,
주님은 다른 모든 사람들을 즐겁게 해줘야 하는 삶의 길을 주셨습니다.

주님, 제가 주님께 청한 것은 하나도 받지 못했지만,
그 대신 주님께서 제 원하시는 모든 것을 주셨습니다.

주님 감사합니다.

● "주님, 감사합니다"(2)

때때로 병들게 하심을 감사합니다.
인간의 약함을 깨닫게 해주시기 때문입니다.
가끔 고독의 수렁에 내던져 주심도 감사합니다.
주님과 가까워지는 기회이기 때문입니다.

일이 계획대로 안 되게 틀어주심도 감사합니다.
저의 교만을 반성할 수 있기 때문입니다.
아들딸이 걱정거리가 되게 하시고,
배우자가 미워질 때가 있게 하시고,
부모와 동기가 짐으로 느껴지게 하심을 감사합니다.
인간 된 보람을 깨달을 수 있기 때문입니다.

먹고 사는 데 힘겹게 하심을 감사합니다.
눈물로 빵을 먹는 심정을 이해할 수 있기 때문입니다.
때때로 허탈하고 허무하게 하심을 감사합니다.
영원에 접근할 수 있는 기회이기 때문입니다.

불의와 허위가 득세하는 시대에 태어난 것도 감사합니다.
하나님의 의가 분명히 드러나기 때문입니다.
땀과 고생의 잔을 맛보게 하심을 감사합니다.
주님의 사랑을 깨달을 수 있기 때문입니다.

주님! 이처럼 감사할 수 있는 마음을 주심을 감사합니다.
예수님의 이름으로 감사하며 기도합니다.

● "사흘만 볼 수 있다면"

"첫째 날에는
나는 친절과 겸손과 우정으로 내 삶을 가치 있게 해준 설리번 선생님을 찾아가
이제껏 손끝으로 만져서만 알던 그녀의 얼굴을 몇 시간이고
물끄러미 바라보면서 그 모습을 내마음 속에 깊이 간직해 두겠다.
그리고 밖으로 나가 바람에 나풀거리는 아름다운 나뭇잎과 들꽃들,
또 석양에 빛나는 노을을 보고 싶다."

"둘째 날에는
먼동이 트며 밤이 낮으로 바뀌는 웅장한 기적을 보고 나서
서둘러 박물관을 찾아가 하루 종일 인간이 발전해온 궤적을
눈으로 확인해 볼 것이다.
그리고 저녁에는 보석 같은 밤하늘의 별들을 바라보면서
하루를 마무리하겠다."

"마지막 셋째 날에는
사람들이 일하며 살아가는 모습을 보기 위해 아침 일찍 큰 길에 나가
출근하는 사람들의 얼굴표정을 볼 것이다.
그리고 나서 오페라 하우스와 영화관에 가 공연을 보고 싶다.
그리고 어느덧 저녁이 되면 네온사인이 반짝거리는
쇼윈도에 진열돼 있는 아름다운 물건들을 보면서
집으로 돌아와 나를 이 사흘 동안만이라도 볼 수 있게 해주신
하나님께 감사의 기도를 드리고
다시 영원히 암흑의 세계로 돌아가겠다."

— 헬렌 켈러

● 고민(염려)은 10분을 넘기지 마라

우리가 하는 걱정거리의 40%는 절대 일어나지 않을 것에 대한 것이고

30%는 이미 일어난 사건들,

22%는 사소한 사건들,

4%는 우리가 바꿀 수 없는 것들에 대한 것들이다.

나머지 4% 만이 우리가 대처할 수 있는 진짜 사건이다.

즉, 96%의 걱정거리가 쓸데없는 것이다.

고민이 많다고 해서 한 숨 쉬지 마라.

고민은 당신의 영혼을 갉아 먹는다.

문제의 핵심을 정확히 파악하고 해결책을 찾아 그대로 실행하라.

해결책이 보이지 않으면 무시하라

고민하나 안하나 결과는 똑같지 않은가?

그러므로 고민은 10분만 하라.

잊어버릴 줄 알라.

잊을 줄 아는 것은 기술이라기보다는 행복이다.

사실 가장 잊어버려야 할 일을 우리는 가장 잘 기억한다.

기억은 우리가 그것을 가장 필요로 할 때 비열하게 우리를 떠날 뿐 아니라

우리가 그것을 가장 원하지 않을 때 어리석게도 우리에게 다가온다.

기억은 우리를 고통스럽게 하는 일에 늘 친절하며

우리를 기쁘게 해줄 일에는 늘 태만하다.

고민은 10분을 넘기지 마라.

— 어니 J . 젤리스키 《 느리게 사는 즐거움 》 중에서

● 너무 걱정하지 마라!

걱정을 하려면 두 가지만 걱정해라!
지금 아픈가? 안 아픈가?

안 아프면 걱정하지 마라!
아프면 두 가지만 걱정해라!
낫는 병인가? 안 낫는 병인가?

낫는 병이면 걱정하지 마라!
안 낫는 병이면
두 가지만 걱정해라!
죽는 병인가? 안 죽는 병인가?

안 죽는 병이면 걱정하지 마라!
죽는 병이면
두 가지만 걱정해라!
천국에 갈 것 같은가?
지옥에 갈 것 같은가?

천국에 갈 것 같으면
걱정하지 마라!
지옥에
갈 것 같으면……
지옥 갈 사람이
무슨 걱정이냐?

No.
아니요

Do you have a Problem in your life?
당신 인생에 문제가 있나요?

Then why worry?
그럼 왜 걱정하세요?

Yes.
예

No.
아니요

Can you do something about it?
그 문제에 대해 뭔가 할 수 있나요?

Yes.
예

● 언더우드 기도문

'걸을 수만 있다면 나는 더 큰 복을 바라지 않겠습니다'는 기도를
지금 누군가는 하고 있습니다.
또 '설 수만 있다면 나는 더 큰 복을 바라지 않겠습니다'는 기도를
지금 누군가는 하고 있습니다.
또 '들을 수만 있다면 나는 더 큰 복을 바라지 않겠습니다'는 기도를
지금 누군가는 하고 있습니다.
또 '말할 수만 있다면 나는 더 큰 복을 바라지 않겠습니다'는 기도를
지금 누군가는 하고 있습니다.
또 '볼 수만 있다면 나는 더 큰 복을 바라지 않겠습니다'는 기도를
지금 누군가는 하고 있습니다.
그리고 '내가 살 수만 있다면 더 큰 복은 바라지 않겠습니다'는 기도를
지금 누군가는 하고 있습니다.

그런데 주님!
놀랍게도 그 누군가가 간절히 바라고 있는 소원들을
저는 지금 다 이루며 살고 있습니다.
그리고 그 누군가가 간절히 원하고 있는 기적들도 지금 다 체험하고 있습니다.
그러기에 부자가 아니어도, 빼어난 외모가 아니어도, 지혜롭지 못해도,
오늘의 제 삶에 감사하며 살겠습니다.
날마다 기적이 일어나는 하루 하루를 감사하며 살겠습니다.
그리고 어떻게 사는 것이 행복하게 사는 것인지 고민하지 않고,
순간 순간마다 얼마나 행복한 사람인지 깨달으며 살겠습니다.

— 1885년 부활절 아침에 제물포를 통해 들어와 조선에 복음의 씨앗이 되었던
언더우드(Horace G. Underwood) 선교사의 기도문

● 나눔 재판

오늘의 마지막 재판이 시작되었습니다. 검사가 피고에게 공소 사실을
추궁했습니다. "돈을 내지 않고 남의 가게에서 물건을 훔친 적이 있습니까?"
노인은 순순히 그렇다고 자백을 했습니다.
피고는 일흔이 넘은 힘없는 노인이었습니다. 본인의 의지 없이 변호를 맡은
변호인은, 그가 어쩔 수 없이 그랬을 거라고 했습니다. 검사는 판사에게,
노인의 혐의 사실이 입증되었으니 법대로 처벌해 달라고 말했습니다.

판사는 노인을 바라봤습니다. 돌봐주는 가족도 없고, 일정하게 사는 곳도 없이
거리에서 살아가는 불쌍한 노인이었습니다. 병든 몸을 이끌고 배가 고파서
남의 가게에 들어가 물건과 돈을 훔친 죄로 이미 여러 번 벌을 받은
노인이었습니다. 더구나 그에게는 어린 손자 아이가 딸려 있었습니다.

판사는 노인이 불쌍해졌습니다. 그에게 벌을 줘도 그는 또다시
이곳에 올 수밖에 없다는 생각이 들었습니다. 그렇다고 해서
무죄를 선고할 수도 없어, 판사는 그에게 법대로 벌을 내렸습니다.
판결을 끝내고 판사는 법복을 벗었습니다. 그러고는 방청객들 앞에 나갔습니다.

"방청객 여러분, 저 노인은 분명히 죄인입니다. 저는 방금 재판관으로서 법에 의하여
저 노인에게 벌금형을 내렸습니다. 그러나 저는 지금 마음이 무척 괴롭습니다.
저 노인과 아이가 저렇게 되도록 놔둔 책임이 제게도 없지 않다는 생각이 듭니다.
옳고 그름을 따지는 일도 중요하지만, 그것이 모든 문제를 해결해 주지는 못합니다.
저 노인에게는 제가 언도한 벌금을 낼 만한 능력이 없습니다. 여러분,
저 노인이 내야 할 벌금의 절반을 제가 내겠습니다. 여러분도 조금씩 보태 주십시오."

방청객들은 검사가 돌리는 봉투에 돈을 넣기 시작했습니다.
봉투는 금세 두툼해졌고, 그 돈은 노인에게 전달되었습니다.
근심과 초조 속에서 여러 재판 장면을 지켜봤던 방청객들의 표정이
밝아졌습니다.

● 어느 주기도문

"하늘에 계신"이라고 기도하지 말라.
세상 일에만 관심 두고 있다면.

"우리"라고 말하지 말라.
너 혼자만을 위해 살고 있다면.

"아버지"라고 부르지 말라.
아들, 딸처럼 살고 있지 않다면.

"아버지의 이름을 거룩하게 하시며"라고 기도하지 말라.
입술로는 하나님을 부르지만 마음은 멀리 있다면.

"아버지의 나라가 오게 하시며"라고 기도하지 말라.
하나님 나라와 세상 나라를 혼동하고 있다면.

"아버지의 뜻이 땅에서도 이뤄지게 하소서"라고 기도하지 말라.
그 뜻을 위해 고통 받을 각오가 되어있지 않다면.

"오늘 우리에게 일용할 양식을 주시고"라고 기도하지 말라.
배고픈 사람들에 대해 아무런 관심이 없다면.

"우리가 우리에게 잘못한 사람을 용서한 것같이 우리 죄를 용서하여 주시고"라고
기도하지 말라.
누구에겐가 아직도 앙심을 품고 있다면.

"우리를 시험에 빠지지 않게 하시고"라고 기도하지 말라.
죄 지을 기회를 찾아다니고 있다면.

"악에서 구하소서"라고 기도하지 말라.
악에 대항해 싸울 마음이 없다면.

"아멘"이라고 말하지 말라.
아버지의 말씀을 심각하게 받을 마음이 없다면.

— 우루과이 어느 성당 벽에 적힌 주기도문

● 코로나 감염시대가 주는 메시지

이 시대를 살아가는 모든 분들을
위로하고 축복합니다
코로나 감염시대가 전해주는 메시지

마스크를 착용하라는 것은 잠잠하라 는 뜻입니다.

막말과 거짓말을 하지 말며 불필요한 말을 줄이고 남의 말에 귀를 기울이라는 말입니다.
입을 다물면 사랑스러운 것들에 시선이 머물게 되고 아름다운 소리와 세미한 속삭임이
들려올 것입니다.

손을 자주 씻으라는 것은 마음을 깨끗이 하라 는 뜻입니다.

악한 행실과 죄에서 돌이켜 회개하고 성결하라는 말입니다.
안과 밖이 깨끗하여야 자신도 살고 남도 살 수 있다는 말입니다.
마음의 거울을 닦아야 자신이 보이고, 마음의 창을 닦아야 이웃도 보일 것입니다.

사람과 거리두기를 하라는 것은 자연을 가까이 하라 는 뜻입니다.

사람끼리 모여서 살면서 서로 다투지 말고
공기와 물과 자연의 생태계를 돌보며 조화롭게 살라는 말입니다.
자연을 가까이 할수록 마음이 넉넉하여 모든 것들을 사랑하게 될 것입니다.

대면 예배를 금지하라는 것은 언제 어디서나 하나님을 바라보라 는 뜻입니다.

위안을 얻거나 사람에게 보이려고 예배당에 가지 말고 천지에 계신 하나님을 예배하라는 말입니다.
하나님을 대면할 수록 그의 나라와 그의 뜻에 가까이 이르게 될 것입니다.

집합을 금지하라는 것은 소외된 자들과 함께 하라 는 뜻입니다.

모여서 선동하거나 힘자랑하지 말고 사람이 그리운 이들의 벗이 되라는 말입니다.
우는 자들과 함께 울고 홀로 외로이 무거운 짐을 지고 가는 이들의 짐을 나누어 질 수록
세상은 사랑으로 포근해 질 것입니다.

글. 샘터교회 안중덕 목사

4. 기독교인의 감사인식 조사결과 [1]

조사 개요

구 분	내 용
조사 대상	전국 만 19세 이상 개신교인 남녀
조사 방법	온라인패널을 대상으로 한 온라인 조사(이메일을 통해 URL발송)
표본 규모	총 1,000명 (유효 표본)
표본 추출	지역/성별/연령 비례할당추출(인구센서스의 개신교 인구에 근거)
표본 오차	95% 신뢰수준에서 ±3.1%p(무작위추출법을 가정했을 경우)
조사 기간	2021년 9월 10일 ~ 9월 23일(13일간)
조사 의뢰 기관	사회복지법인 월드비전
조사 기관	㈜지앤컴리서치

1) 감사에 대한 인식

(1) 감사의 중요성
- 우리나라 기독교인(개신교인)의 감사를 느끼는 감사 인식은 비교적 양호한 수준임.
- 전체적으로 감사 인식이 높은데, 생활, 자연, 좋은 친구, 가족 등 좋은 일에 대한 감사를 넘어서 일상과 존재에 대한 감사를 하는 비율이 높음.

---

1) 이 자료는 월드비전이 2021년 9월에 조사한 것으로, 11월 11일 감사웨미나에서 목회데이터연구소 지용근 대표가 발표한 것입니다. 월드비전의 허락을 받아 게재합니다.

감사의 중요성

평소 일상생활에서 감사 중요하다	95.1%
기독교인에게 감사 중요하다	96.0%
평소 감사하는 마음을 느낀다	92.0%

생활 속의 감사 (4점척도, '항상+가끔 그렇다' 비율)

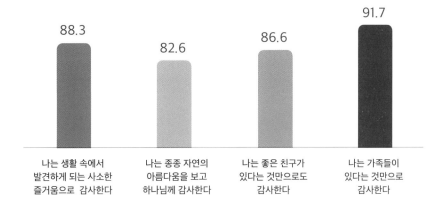

88.3	82.6	86.6	91.7
나는 생활 속에서 발견하게 되는 사소한 즐거움으로 감사한다	나는 종종 자연의 아름다움을 보고 하나님께 감사한다	나는 좋은 친구가 있다는 것만으로도 감사한다	나는 가족들이 있다는 것만으로 감사한다

(2) '범사에 감사하라' 말씀에 대한 인식

- 범사에 감사하라는 데살로니가전서 5:18절 말씀에 대해 반드시 지켜야 하는 명령의 말씀보다는 권고의 말씀으로 이해하는 비율이 높음.
- 실제로 '비교적 잘 실천하고 있다'는 비율은 18.0%에 지나지 않으며, 연령이 높을수록 높음.

'범사에 감사하라'에 대한 의미 해석

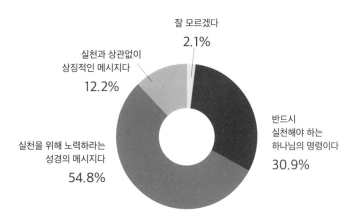

잘 모르겠다
2.1%

실천과 상관없이 상징적인 메시지다
12.2%

반드시 실천해야 하는 하나님의 명령이다
30.9%

실천을 위해 노력하라는 성경의 메시지다
54.8%

'범사에 감사하라' 말씀 실천 정도

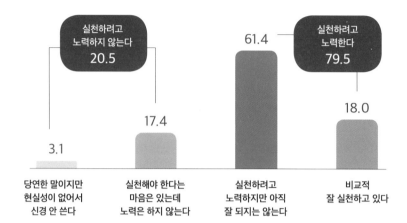

실천하려고 노력하지 않는다 20.5

- 당연한 말이지만 현실성이 없어서 신경 안 쓴다 — 3.1
- 실천해야 한다는 마음은 있는데 노력은 하지 않는다 — 17.4

실천하려고 노력한다 79.5

- 실천하려고 노력하지만 아직 잘 되지는 않는다 — 61.4
- 비교적 잘 실천하고 있다 — 18.0

(3) 평소 감사하는 마음 느끼는 정도

- 거의 모든 기독교인이 평소 감사함을 느끼고 있는데, '항상 느끼는' 비율도 39.9%로 상당수 됨.
- '항상 느낀다'는 응답은 신앙단계가 올라갈수록 확연한 차이를 보이는데, 특히 신앙4단계 응답자는 감사가 상당히 몸에 배어 있다(71.8%)고 보아야 함.
- 감사한 마음을 느끼지 못하는 이들은 감사의 근원에 대해 관심이 없다는 의미가 짙은데, 기독교적 세계관이 부족한 것으로 해석됨.

평소 감사하는 마음 느끼는 정도

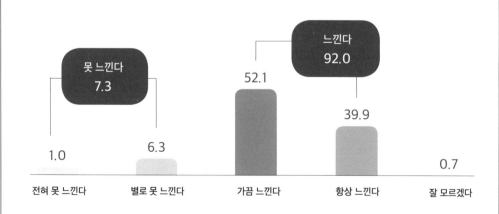

못 느낀다 7.3

- 전혀 못 느낀다 — 1.0
- 별로 못 느낀다 — 6.3

느낀다 92.0

- 가끔 느낀다 — 52.1
- 항상 느낀다 — 39.9
- 잘 모르겠다 — 0.7

THANKS SCHOOL SEASON3 WORKBOOK

感 謝 行 傳

1C1C 감사행전

평소 감사하는 마음 느끼지 못하는 이유 (평소 감사하는 마음 느끼지 못하는 응답자)

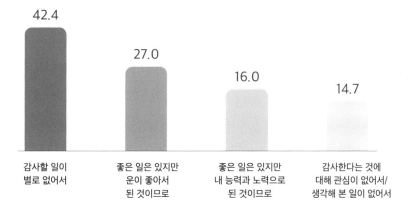

42.4 감사할 일이 별로 없어서
27.0 좋은 일은 있지만 운이 좋아서 된 것이므로
16.0 좋은 일은 있지만 내 능력과 노력으로 된 것이므로
14.7 감사한다는 것에 대해 관심이 없어서/ 생각해 본 일이 없어서

(4) 감사해야 하는 이유

- 감사해야 하는 이유에 대해 '감사를 통해 내 삶이 달라져서'라는 이유를 절반 이상의 응답자(53.4%)가 응답함.
- 감사 생활을 하면 인격과 생활의 변화로 이어진다는 것을 인지하고 있는 것으로 보인다.
- 전체적으로 '변화요인'과 '보상요인'으로 구분되는데, 신앙수준이 낮은 사람은 보상요인을, 높은 사람은 변화요인 지적률이 높음.
- 신앙단계가 올라갈수록 '감사를 통해 내 삶이 달라져서'와 '감사를 통해 어려움을 이겨낼 수 있어서'를 응답한 비율이 높음.
  → 즉 감사 생활은 신앙과 비례함.

평소 감사해야 하는 이유 (1+2순위) (평소 감사하는 마음을 느끼는 응답자)

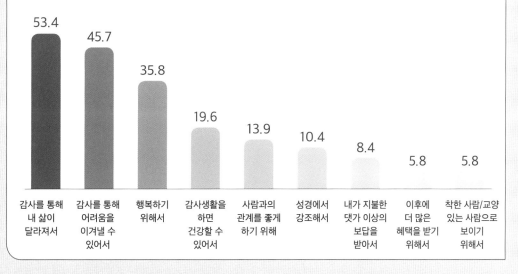

53.4 감사를 통해 내 삶이 달라져서
45.7 감사를 통해 어려움을 이겨낼 수 있어서
35.8 행복하기 위해서
19.6 감사생활을 하면 건강할 수 있어서
13.9 사람과의 관계를 좋게 하기 위해
10.4 성경에서 강조해서
8.4 내가 지불한 댓가 이상의 보답을 받아서
5.8 이후에 더 많은 혜택을 받기 위해서
5.8 착한 사람/교양 있는 사람으로 보이기 위해서

(5) 감사 성향

- 감사성향을 세분집단으로 나누어 보면, 감사성향 '상' 그룹 29.5%, '중' 그룹 41.2%, '하' 그룹 29.3%로 각각 분석됨
- 감사성향 '상' 그룹은 연령이 높을수록, 기혼자, 항존직/서리집사, 소그룹 활동자층에서 상대적으로 높음
- 반면 감사성향 '하' 그룹은 20대, 직분 없는 성도, 신앙수준 1, 2단계, 소그룹 비활동자 층에서 높음

감사 성향별 인구 특성 파악

전체		상 29.5	중 41.2	하 29.3	합계 100.0
연령대	만 19-29세	17.4	38.0	44.6	100.0
	만 30-39세	20.7	44.0	35.3	100.0
	만 40-49세	29.6	43.5	26.9	100.0
	만 50-59세	35.1	42.4	22.4	100.0
	만 60세 이상	38.1	38.2	23.6	100.0
직분	항존직	36.5	39.0	24.5	100.0
	서리집사	36.8	40.8	22.4	100.0
	직분없는 성도	24.8	41.5	33.7	100.0
신앙단계	1단계:신앙탐구단계	13.9	43.4	42.7	100.0
	2단계:신앙형성단계	25.0	41.8	33.1	100.0
	3단계:신앙생활화단계	33.2	44.6	22.2	100.0
	4단계:신앙우선단계	54.0	33.5	12.5	100.0
소그룹 활동	활동	41.0	35.3	23.7	100.0
	비활동	24.4	43.8	31.8	100.0

※ 감사 성향 세분집단 산출근거

1) 다음 6개 항목의 응답 점수를 합산('잘 모르겠다'는 제외)

: 3번과 6번은 부정 질문이므로 점수를 역코딩

① 요즘 내 삶에는 감사할 거리들이 매우 많다

② 내가 지금까지 감사했던 모든 것들을 목록으로 작성한다면 그 길이가 매우 길어질 것이다

③ 세상을 둘러볼 때 감사할 것들이 별로 없다

④ 나는 여러 사람에게 고마움을 느낀다

⑤ 나이가 들어갈수록 지금까지 나의 삶에서 만난 사람들과 사건 상황들에 대해 더욱 더

고마움을 느낀다

⑥ 지금까지 내가 만난 사람이나 상황에 고마움을 느낀 적이 별로 없다

→ 이 6가지 항목은 권성중이 개발한 '한국판 감사성향 척도'를 이용함

2) 합산 점수의 분포를 고려하여 아래와 같이 3집단으로 분류함

구 분	합산 점수	명칭
1집단	1~16점	하
2집단	17~20점	중
3집단	21~24점	상

2) 감사 행동

(1) 감사 표현 정도

- 감사를 표현하는 비율은 72.2%로, 앞에서 평소 감사하는 마음을 느낀다는
  비율이 92.0%인 것과 비교하면 그보다 약 20%P 적음
- 또한 '자주 표현한다'는 비율은 19.5%인 것을 감안하면
  감사하는 마음은 넓게 있으나 감사 표현은 그만큼 하지 않고 있음
- 감사표현을 하지 않는 이유는 '어색해서', '상대방이 알거라고 생각들어서'
  등의 이심전심이라는 한국적 문화가 크게 작용함

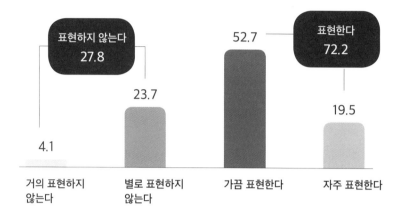

감사하는 마음 느낄 때 말과 행동으로 표현 여부

표현하지 않는다
27.8

52.7

표현한다
72.2

4.1

23.7

19.5

거의 표현하지
않는다

별로 표현하지
않는다

가끔 표현한다

자주 표현한다

감사 표현을 하지 않는 이유 (감사 표현을 하지 않는 응답자)

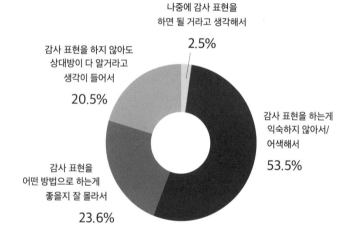

나중에 감사 표현을
하면 될 거라고 생각해서
2.5%

감사 표현을 하지 않아도
상대방이 다 알거라고
생각이 들어서
20.5%

감사 표현을 하는게
익숙하지 않아서/
어색해서
53.5%

감사 표현을
어떤 방법으로 하는게
좋을지 잘 몰라서
23.6%

(2) 감사 표현 대상

- '하나님'과 '교회 구성원'에 대한 감사 빈도가 높은데 반해,
  가족 간의 감사 표현은 상대적으로 더 적음
- 즉 '자녀'에게는 감사 표현을 많이 하는 편이나 '배우자', '부모' 등에 대해
  감사하는 것은 교회 구성원들보다 적었다.
  특히 '형제/자매' (63.7%)사이의 감사 표현은 더 적음
- 어제 하루 절반의 기독교인이 감사표현을 '했다'고 응답했고,
  감사할 만한 일 중 감사표현 하지 않은 경우가 꽤 있음

감사 표현 대상 (각 대상별 응답자)

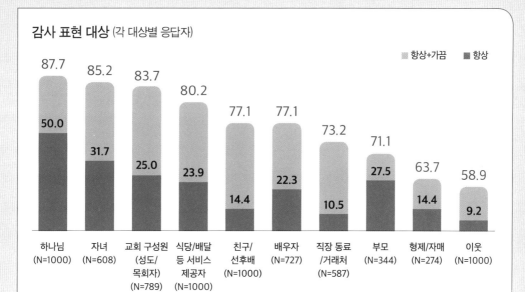

감사 표현 대상 (각 대상별 응답자)

범례: 항상+가끔 / 항상

- 하나님 (N=1000): 87.7 / 50.0
- 자녀 (N=608): 85.2 / 31.7
- 교회 구성원 (성도/목회자) (N=789): 83.7 / 25.0
- 식당/배달 등 서비스 제공자 (N=1000): 80.2 / 23.9
- 친구/선후배 (N=1000): 77.1 / 14.4
- 배우자 (N=727): 77.1 / 22.3
- 직장 동료/거래처 (N=587): 73.2 / 10.5
- 부모 (N=344): 71.1 / 27.5
- 형제/자매 (N=274): 63.7 / 14.4
- 이웃 (N=1000): 58.9 / 9.2

감사 표현 횟수

어제 하루 감사할 만한 일 횟수	"평균 4.2회"
어제 하루 감사 표현 여부	"했다 51.6%"
어제 하루 감사 표현 횟수 (어제 감사 표현한 응답자)	"평균 3.7회"

(3) 상황별 감사 표현

- 상황별로 '항상' 감사표현을 하는 경우는 '생일/기념일'이 가장 높음
- 반면, 직장이나 학교 등 일터에서의 좋은 일에 대해서는 상대적으로 (항상)감사 표현 정도가 낮음

상황별 감사 표현

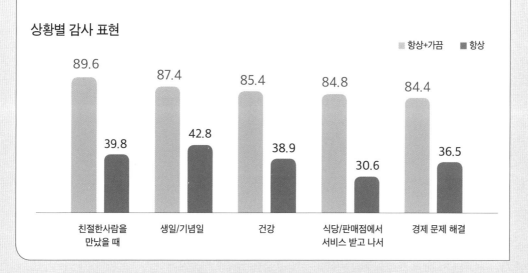

범례: 항상+가끔 / 항상

- 친절한 사람을 만났을 때: 89.6 / 39.8
- 생일/기념일: 87.4 / 42.8
- 건강: 85.4 / 38.9
- 식당/판매점에서 서비스 받고 나서: 84.8 / 30.6
- 경제 문제 해결: 84.4 / 36.5

상황별 감사 표현

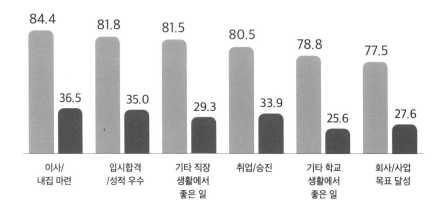

(4) 감사 표현에 대한 의견

- 감사표현에 대한 당위성은 인식하고 있어, 상황에 따라 그리고
  상대방의 입장에서 적절한 감사 표현 방법에 대한 학습이 필요함
- 기독교인 63.0%가 '감사 표현은 마음이 중요하지 방법이 중요한 것은 아니다'
  라고 응답했는데, 감사 표현은 상대와 상황에 따라 그리고 상대방의 입장에서
  적절한 방법으로 하는 것이 필요하다.

감사 표현에 대한 의견 (4점척도, 매우+약간 동의한다 비율)

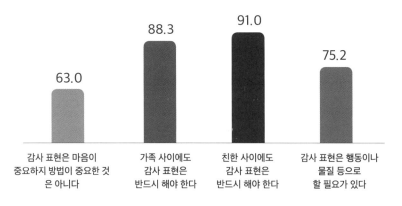

(5) 지금 유언장 작성 시 감사 제목

- 유언장을 쓴다면 가장 감사한 일로 '하나님 믿게 된 것', '자녀 주신 것',
  '배우자 만난 것' 등이 높아, 인생 최고의 감사는 '하나님'과 '가족'으로
  해석할 수 있음

- 흥미로운 것은 가족 중 '자녀'에 대한 감사가 가장 크고,
  '부모'에 대한 감사가 가장 낮음. 이는 다른 지표에서도 확인되는데
  '자녀 중심적'인 우리사회의 가정 문화를 드러내는 결과임

지금 유언장 쓴다면 감사할 제목 (1+2+3순위)

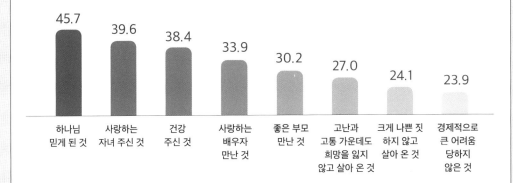

하나님 믿게 된 것	사랑하는 자녀 주신 것	건강 주신 것	사랑하는 배우자 만난 것	좋은 부모 만난 것	고난과 고통 가운데도 희망을 잃지 않고 살아 온 것	크게 나쁜 짓 하지 않고 살아 온 것	경제적으로 큰 어려움 당하지 않은 것
45.7	39.6	38.4	33.9	30.2	27.0	24.1	23.9

3) 하나님께 대한 감사

(1) 하나님께 감사 표현

- 하나님에 대한 감사표현으로 '기도'가 절대다수였고,
  '봉사'는 상대적으로 낮은 비율(64.2%)을 보임.
  감사의 표현이 봉사까지 연결되는 정도는 상대적으로 약함
- 한국의 기독교인들은 하나님께 '자주' 감사 기도나
  감사 찬양을 하는 경우가 23.8%로 4명 중 1명 정도로 나타남.
  반면 기독교임에도 불구하고 감사기도/감사 찬양을 드리지 않은 경우 역시
  4명 중 1명 가량임(24.4%)

하나님께 감사 표현 방법 (4점척도, 항상+가끔 한다) (하나님께 감사 표현을 한다는 응답자)

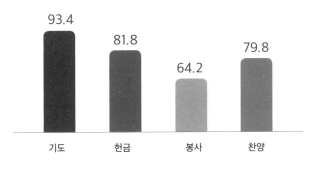

기도	헌금	봉사	찬양
93.4	81.8	64.2	79.8

하나님께 감사 기도/찬양 드리는 정도

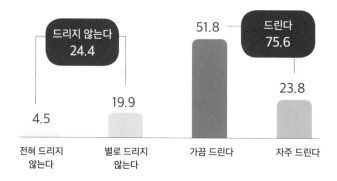

(2) 하나님께 감사 기도 드리는 내용

- 하나님께 감사 기도 드릴 때 그것을 허락하신 하나님(98.0%)께 뿐만 아니라 그것과 관련된 사람을 위한 기도(92.7%)까지 드린다고 응답함. 즉 하나님에 대한 감사에서 그치지 않고 주위 사람에 대한 감사로 연결되고 있음

하나님께 감사 기도 드리는 내용(하나님께 감사 기도/찬양 드리는 응답자)

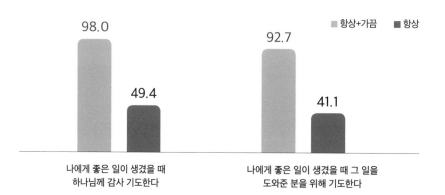

(3) 고난 가운데 감사 기도한 경험

- 고난 가운데서도 감사 기도한다고 응답한 비율이 절반을 조금 넘었고(54.3%), 45.7%는 그런 경험이 없다고 응답함
- 고난 가운데 감사 기도한 경우는 '육체적 질병/장애' 등이 46.0%로 가장 높은데, '가족과의 갈등'이 두번째로 응답됨

- 전반적으로 나이가 많을수록, 신앙연수와 신앙단계가 높을수록
  고난 가운데 감사 기도를 하는 경우가 많아지는 경향을 보임

고난 가운데 감사 기도한 경험

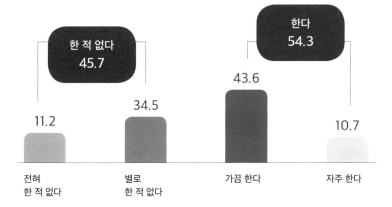

고난 가운데 감사 기도한 경우(중복응답)

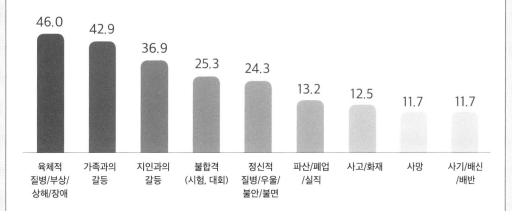

4) 감사 생활의 결과

- 자신의 행복도, 사람들과의 관계의 만족도를 보면
  감사성향이 강한 사람이 약한 사람보다 훨씬 높은 특징을 나타냄
  따라서 감사생활이 하나님과의 관계, 인간관계, 자신의 행복도에
  긍정적인 영향을 미치고 있다는 것을 알 수 있음

행복도 및 관계 만족도 (감사성향별, 4점 척도, 매우+약간 그렇다)

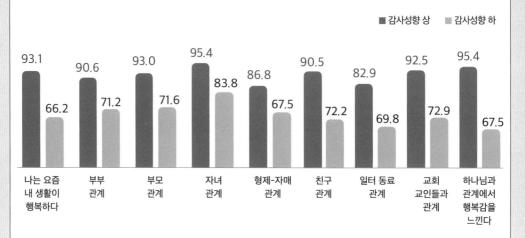

■ 감사성향 상 ■ 감사성향 하

	감사성향 상	감사성향 하
나는 요즘 내 생활이 행복하다	93.1	66.2
부부 관계	90.6	71.2
부모 관계	93.0	71.6
자녀 관계	95.4	83.8
형제-자매 관계	86.8	67.5
친구 관계	90.5	72.2
일터 동료 관계	82.9	69.8
교회 교인들과 관계	92.5	72.9
하나님과 관계에서 행복감을 느낀다	95.4	67.5

5) 감사 캠페인

(1) 설교를 듣고 감사 생활 결단 경험

- 설교를 듣다가 감사 생활을 해야겠다고 결단한 경험은 82.3%로 대부분임. 감사 설교의 영향력을 확인할 수 있는 대목임
- 전반적으로 연령이 높을수록 설교를 통한 감사 생활 결단 경험이 높은데, 특히 50대가 91.1%로 거의 모두가 그런 경험이 있다고 응답함

설교를 듣고 감사 생활 결단 경험

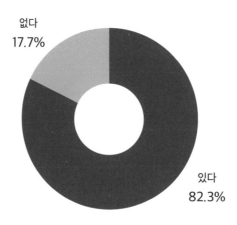

없다
17.7%

있다
82.3%

(2) 교회에서의 감사 캠페인

- 출석교회에서 감사 캠페인 실시 경험은 절반 정도로 나타남
- 교회에서 실시한 감사 캠페인 내용은 감사기도가 가장 많고, 감사일기 쓰기는 21.9%인데 대형교회 교인들에게서 특히 그 비율이 높음

교회에서 감사 캠페인 실시 여부 (교회 출석자)

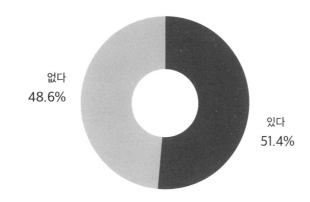

없다
48.6%

있다
51.4%

교회에서 실시한 감사 캠페인 내용(중복응답) (감사 캠페인 실시한 교회 출석 응답자)

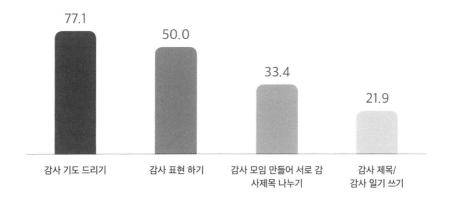

감사 기도 드리기	감사 표현 하기	감사 모임 만들어 서로 감사제목 나누기	감사 제목/ 감사 일기 쓰기
77.1	50.0	33.4	21.9

(3) 교회 안팎에서의 감사 캠페인 참여 경험

- 출석교회의 감사 캠페인 참여율은 82.0%로 교회가 캠페인을 실시하면 대부분의 교인들이 참여하는 것으로 나타남
- '감사기도 드리기'를 가장 많이 참여하였고, 도움도 가장 많이 된 것으로 응답됨. 감사모임 만들어 감사제목을 나누거나, 감사일기를 쓰는 것은 실천의 어려움으로 낮은 비율을 보임

교회 안팎의 감사 캠페인 참여 경험

교회의 감사 캠페인 참여	82.0%
교회 밖 감사 캠페인 참여	34.8%

교회 안팎에서 참여한 감사 캠페인(중복응답) (교회 안팎의 감사 캠페인 참여 응답자)
vs 도움이 된 캠페인(단수응답)

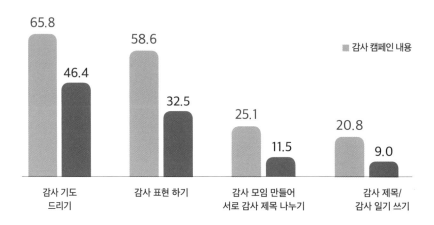

■ 감사 캠페인 내용

감사 기도 드리기	감사 표현 하기	감사 모임 만들어 서로 감사 제목 나누기	감사 제목/ 감사 일기 쓰기
65.8 / 46.4	58.6 / 32.5	25.1 / 11.5	20.8 / 9.0

6) 감사 생활 관련 교육/훈련 경험

- 감사생활에 대한 강의/교육/훈련 참여 경험은 29.1%로 비교적 낮음
- 그러나 참여한 사람의 경우 절대 다수가 감사생활에 도움됐다는 긍정적 평가를 내려 감사 교육이 감사생활에 매우 효과적임을 보여주고 있음

감사 생활 관련 강의/교육/훈련 참여 경험

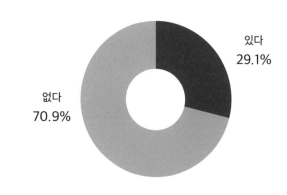

있다
29.1%

없다
70.9%

감사 생활 관련 강의/교육/훈련이 감사 생활에 도움 여부

(감사 생활 관련 강의/교육/훈련 받은 응답자)

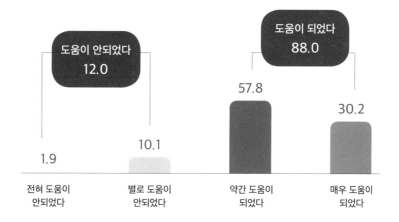

7) 감사 일기

(1) 감사 일기 인지도

- '감사 일기'라는 명칭을 알고 있다는 비율은 57.9%로 높은 편이 아니었는데,
  그 가운데 정확한 내용을 알고 있는 비율은 53.7%였고
  '감사 일기'는 들어봤지만 그 내용을 잘 못 알고 있는 비율은 4.2%로 낮았음.
- 감사 일기에 대한 인지도는 낮았지만 이해는 상당히 높은 편이었다.

감사일기 인지도

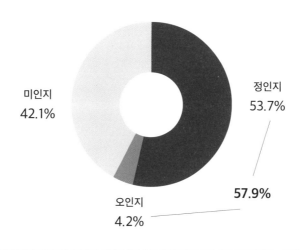

(2) 감사 일기 작성
- '감사 일기'에 대해 개신교인 3명 중 1명 정도(34.0%)가
  작성 경험이 있는 것으로 나타남
- 현재 쓰고 있는 비율보다 중단한 비율이 훨씬 높은데,
  그만큼 지속적인 감사일기 쓰기가 어렵다는 것을 말하고 있음

감사일기 작성 여부

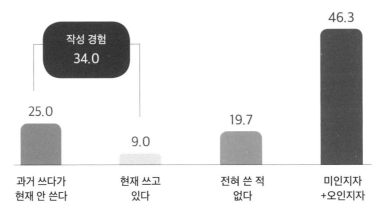

감사일기 작성 후 중단 이유 (감사 일기 썼다가 지금은 중단한 응답자)

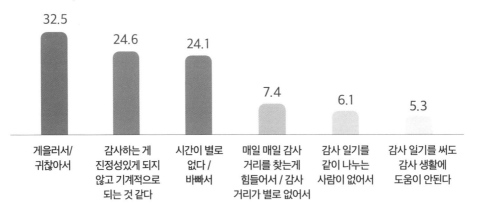

(3) 감사 일기가 감사 생활에 도움되는 정도
- '감사 일기'가 감사생활에 도움되는 정도는 매우 큰 것으로 나타남
- 감사일기를 지속적으로 하기 위해서는 자극이 필요한데,
  방법의 일환으로 감사 일기 나눔 모임 참여율은
  현재 감사 일기 작성자나 중단자 기준으로 39.9%로 나타남

감사일기가 감사 생활에 도움되는 정도 (감사 일기 중단자+현재 작성자)

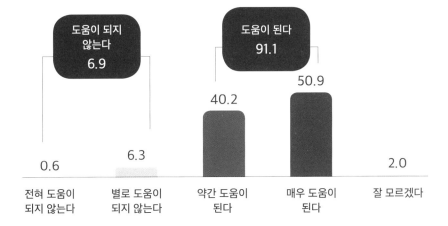

도움이 되지 않는다 6.9

도움이 된다 91.1

0.6 전혀 도움이 되지 않는다

6.3 별로 도움이 되지 않는다

40.2 약간 도움이 된다

50.9 매우 도움이 된다

2.0 잘 모르겠다

감사 일기 나눔 모임 참여 여부

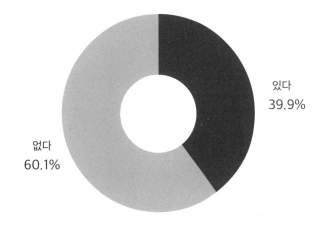

있다 39.9%

없다 60.1%

8) 기타

(1) 자녀 감사 생활 교육 / 소그룹 활동별 감사 성향

- 자녀가 있는 응답자 4명 가운데 3명(73.2%)은
  자녀에게 가족, 이웃, 하나님께 감사하도록 가르친다고 응답함
  감사 생활에 대한 자녀 교육이 비교적 많이 이루어지는 것으로 보임
- 소그룹 활동자가 비활동자보다 훨씬 감사 성향이 강한 것으로 나타남

1C1C 감사행전

자녀에게 감사 생활 교육 여부(자녀가 있는 응답자)

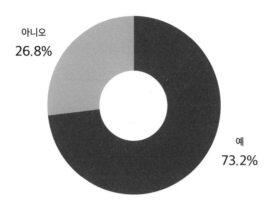

아니오
26.8%

예
73.2%

소그룹 활동 여부별 감사성향 (4점척도, 매우+약간 그렇다)

■ 소그룹 활동자

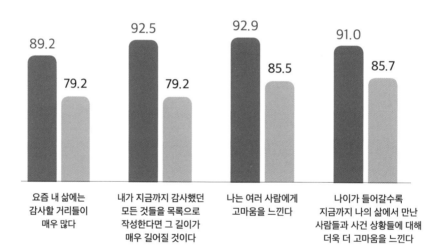

| 89.2 | 79.2 | 92.5 | 79.2 | 92.9 | 85.5 | 91.0 | 85.7 |

요즘 내 삶에는
감사할 거리들이
매우 많다

내가 지금까지 감사했던
모든 것들을 목록으로
작성한다면 그 길이가
매우 길어질 것이다

나는 여러 사람에게
고마움을 느낀다

나이가 들어갈수록
지금까지 나의 삶에서 만난
사람들과 사건 상황들에 대해
더욱 더 고마움을 느낀다

(2) 코로나19 이후 감사 생활

- 코로나19 이후 감사생활 변화에 대해 감사를 '더 하게 되었다'와
  '더 적게 하게 되었다'는 응답이 엇비슷하게 나타남
  생활은 어려워졌는데 감사 생활이 크게 줄지 않았다는 점에서 높이 평가됨
- 특히 감사성향이 강한 '상' 그룹에서는 코로나임에도 불구하고
  감사를 더 하게 되었다는 응답이 높아 주목됨

코로나19 이후 감사 생활 변화

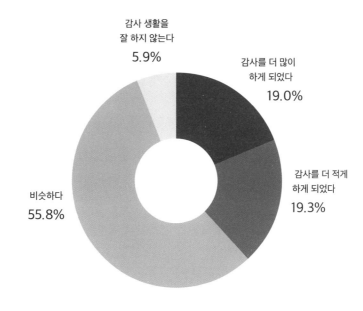

감사 생활을
잘 하지 않는다
5.9%

감사를 더 많이
하게 되었다
19.0%

감사를 더 적게
하게 되었다
19.3%

비슷하다
55.8%

'감사를 더 많이 하게 되었다' (감사 성향별)

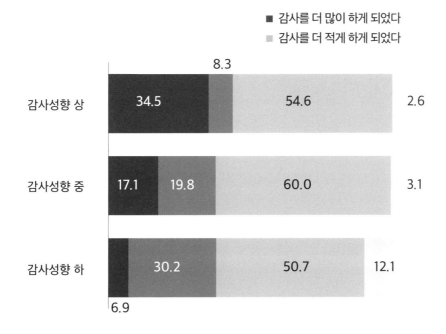

- ■ 감사를 더 많이 하게 되었다
- 감사를 더 적게 하게 되었다

감사성향 상 | 34.5 | 8.3 | 54.6 | 2.6

감사성향 중 | 17.1 | 19.8 | 60.0 | 3.1

감사성향 하 | 6.9 | 30.2 | 50.7 | 12.1

9) 요약 및 결론

(1) 우리나라 기독교인(개신교인)의 감사를 느끼는 감사 인식은 비교적
   양호한 수준이다.

(2) 감사의 마음을 갖게 하는 요인은 '보상' 요인과 '삶의 변화' 요인, 두 가지인데
   신앙 단계가 높을수록 '삶의 변화' 요인이 더 크게 작용한다.

(3) 감사의 마음을 갖게 하는데 장애 요인은 기독교적 세계관의 결여가
   상당한 비중을 차지한다.

   ― 감사하는 마음이 없는 이유 : '감사할 일이 별로 없어서'(42.4%), '좋은 일이 있지만
      운이 좋아서 된 것이므로'(27.0%)

(4) 감사 마음 뿐 아니라 감사 표현도 비교적 잘 실천하지만 아직도 개선 여지는 많다.

   ― 감사 표현 비율(72.2%)이 감사 느끼는 비율(92.0%)보다 약 20%P 낮아서
      여전히 감사 표현 비율을 더 높여야 할 과제를 안고 있다.

(5) 감사 생활은 인생 연륜과 신앙 연륜이 쌓이면서 늘어난다

(6) 감사 표현을 가로막는 장애 요인에는 한국적 의사소통 문화가 있다.

   ― 감사하는 마음 있는데 감사 표현을 하지 않는 이유 : '감사 표현을 하는게 어색해서'(53.5%),
      '감사 표현을 하지 않아도 상대방이 다 알거라고 생각이 들어서'(20.5%)라고 언급했는데
      이심전심(以心傳心)의 한국적 문화가 감사 표현을 하는데 장애 요인으로 작용한다.

(7) 감사 표현의 개선 사항 ①
   ― 가족(배우자, 부모)에 대한 감사 표현을 더 적극적으로 해야 한다.

(8) 감사 표현의 개선 사항 ②
   ― 상황에 적절한 감사 표현 방법에 대한 학습이 필요하다.

(9) 하나님께 대한 감사 표현 방식을 더 확대해야 한다.

— 하나님께 대한 감사 표현 방법은 기도, 헌금, 찬양이 80%가 넘는데 반해,
봉사로 감사 표현하는 비율은 64.2%로 낮다.
— 받은 은혜를 다른 사람에게 흘러보내는 활동인 봉사가 필요한데, 감사가
'자신을 변화'시킬 뿐만 아니라 '사회를 변화' 시키는데까지 확장되는 것이 필요하다.

(10) 교회에서 감사 설교가 감사 생활에 미치는 영향이 크다.

(11) 감사 성향이 높은 사람이 행복도 및 사람들과의 관계만족도가 월등하게 높다.

(12) 교회에서 소그룹 활동자가 비활동자보다 감사 성향이 훨씬 높다.

(13) 감사 캠페인

— 교회에서의 감사 캠페인에 대해 대부분의 교인들은 호의적으로 참여한다.
— 감사 생활 관련 강의/교육/훈련이 감사 생활에 절대적으로 도움된다.
— 감사 일기는 아직 낯선 방법이어서 이를 자극할 수 있는 감사 나눔 소그룹 모임이 필요하다.

(14) 감사 캠페인 세부 전략(안)

	20~30대	40대 이상
캠페인 목표	감사의 중요성 인식	감사 표현의 생활화
현 상황	감사할 만한 일의 발생 원인과 감사 방법을 모름	감사 생활을 지속적으로 하기 어려워 함
	형제자매와 이웃/직장동료 및 친구에 대한 감사 부족	부모에 대한 감사 부족
캠페인 내용	기독교적 세계관 함양 감사가 나와 사회에 미치는 영향 인식 감사 방법 교육 감사 표현 실천하기 감사 일기 쓰기 감사 나눔 모임 만들기	감사 방법 교육 감사 표현 실천하기 감사 일기 쓰기 감사 나눔 모임 만들기
캠페인 방법	온라인 활동 - 감사 나눔 온라인 모임 만들기	온/오프라인 병행 - 구역/셀 등의 소그룹 활용

아름다운동행 감사학교

● 강사진

이의용 | (사)아름다운동행 감사학교 교장, 전 국민대학교 교수
김민철 | 언덕교회 담임목사, 가정사역자
한건수 | 평생감사 실천 편 공동저자, 국민대학교 겸임교수, 감사연구소 대표
윤성혜 | 커뮤니케이션 전문코치, 한국상담코칭진흥원 부원장, 국민대학교 겸임교수

이의용   김민철   한건수   윤성혜

● 강의 주제

감사학교는 감사 코치 양성, 교인의 감사 의식 강화를 위해 다음과 같은 과정을 운영하고 있습니다. 강의는 위의 전문 강사들이 담당합니다.

강좌명	주제, 내용	대상	시간	방법
1. 감사의 문 열기	감사의 삶을 살기 위해 열어야 할 긍정적 믿음의 문	감사 코치, 감사동아리 리더, 전체 교인	(1) 50분 (2) 100분	대면, 비대면
2. 삶으로 쓰는 감사일기	어떻게 감사일기를 쓰며 감사의 삶을 살아갈 것인가?			
3. Taker에서 Giver로-배려	어떻게 배려하는 삶을 살아갈 것인가?			
4. 용서의 청구서 -사과	어떻게 사과하며 이웃과 화목하게 살아갈 것인가?			
5. 은혜의 스펀지 -용서	어떻게 용서하며 이웃과 화목하게 살아갈 것인가?			

● 감사 Book 구입 안내

\<감사학교 워크북\>

발간일 : 2019. 2. 18.
저자 : 이의용, 김민철, 한건수, 윤성혜
값 : 18,000원

\<내 인생을 바꾸는 감사일기\>

발간일 : 2010년 10월 30일
저자 : 이의용
값 : 10,000원

\<아름다운동행 감사노트\>

감사를 기록하는 노트로,
감사일기 작성 매뉴얼과
아름다운 일러스트가 담겨있다.
일러스트 : 임종수
값 : 3,000원

● 구입 문의 · 강의 문의

　　전화:02)523-1502~3
　　계좌번호:농협 044-01-116510 사단법인 아름다운동행

1010 감사행전

초판 1쇄 인쇄 2021년 2월 14일
초판 1쇄 발행 2021년 2월 18일

지은이 이의용
펴낸곳 사단법인 아름다운동행
등록 2006년 10월 2일 제22-2987호
주소 서울시 서초구 서초중앙로 18(서초동, 서초쌍용플래티넘) 919호
홈페이지 www.iwithjesus.com
전화 02)523-1502~3
팩스 02)523-1508

ISBN 979-11-89155-07-0
값 15,000원